U0829992

同济大学校友发展研究系列丛书

同济人发展报告

（深圳专辑）

同 济 大 学 校 友 会
上海零点市场调查有限公司 编著

同济大学出版社
TONGJI UNIVERSITY PRESS

内 容 提 要

2018年，适逢改革开放40周年之际，同济大学校友会与深圳市同济大学校友会合作开展了"同济大学在深校友发展情况专题调研"项目，并委托第三方机构——上海零点市场调查有限公司实施。在调研校友个人发展与群像特征的基础上，深度挖掘同济校友在深圳城市建设与经济发展中所扮演的角色和做出的成绩，并为深圳未来发展和同济大学的人才培养提供参考意见。

图书在版编目(CIP)数据

同济人发展报告.深圳专辑 / 同济大学校友会，上海零点市场调查有限公司编著. —上海：同济大学出版社，2021.6

ISBN 978-7-5608-8846-0

Ⅰ. ①同… Ⅱ. ①同… ②上… Ⅲ. ①同济大学—毕业生—就业—调查报告—深圳 Ⅳ. ①G647.38

中国版本图书馆CIP数据核字(2021)第105861号

同济人发展报告(深圳专辑)

同济大学校友会　上海零点市场调查有限公司　**编著**

责任编辑 胡　毅　**助理编辑** 裴晓霖　**责任校对** 徐春莲　**封面设计** 袁擎宇

出版发行　同济大学出版社　www.tongjipress.com.cn

(地址：上海市四平路1239号　邮编：200092　电话：021-65985622)

经　　销　全国各地新华书店、网络书店

排　　版　南京文脉图文设计制作有限公司

印　　刷　上海安枫印务有限公司

开　　本　787 mm×1092 mm　1/16

印　　张　6.25

字　　数　156 000

版　　次　2021年6月第1版　2021年6月第1次印刷

书　　号　ISBN 978-7-5608-8846-0

定　　价　88.00元

本书若有印装质量问题，请向本社发行部调换　　版权所有　侵权必究

前　言

深圳，是一座魅力之城。

1980年，中国第一个经济特区在深圳设立。从此，深圳成为中国改革开放政策和现代化建设先行先试的地区。伴随着“全国支援特区、特区服务全国”的政策，深圳成为有志青年们大展身手的舞台。深圳从一个默默无闻的小渔村，发展成为一座拥有一千多万人口，经济繁荣、社会和谐、功能完备、环境优美的现代化大都会，创造了世界工业化、城市化、现代化史上的奇迹。

同一时期，同济大学站到了时代发展潮流的前沿。1979年，时任校长李国豪提出“两个转变”的办学方针，这为后来同济大学能够向深圳不断输送优秀人才打下时代基础。

回望改革开放40多年，五湖四湖的人才汇集于深圳，为了理想和事业在那里生活。在深圳的发展历程中，能看到许多同济人的身影，尤其是在房地产、城市规划、交通、路桥等行业，同济校友们都做出了突出贡献，并且有越来越多的年轻校友投身深圳的怀抱，期待实现自己的梦想。扎实的做事功底、求实的工作态度，正是同济人的“金字招牌”。深圳得以如此快速地发展，背后也有着几代同济人的默默贡献。

2018年，适逢改革开放40周年之际，同济大学校友会与深圳市同济大学校友会合作开展了“同济大学在深校友发展情况专题调研”项目，并委托第三方机构——上海零点市场调查有限公司具体实施。在调研校友个人发展与群像特征的基础上，深度挖掘同济校友在深圳城市建设与经济发展中所扮演的角色和做出的成绩，并为深圳未来发展和同济大学人才培养提供参考意见。

本书的大部分内容成稿于2018年12月，现将内容重新整理后正式出版。在此诚挚地感谢所有参与过此次调研并无私奉献的校友们。

同济大学校友会

2020年9月

目　　录

第一部分
研究概况

同心同德同舟楫，济人济事济天下。2018年同济大学这所历史悠久，声誉卓著的综合性、研究型、国际化大学，迎来了建校111周年。适逢改革开放40周年之际。同济大学校友会委托第三方机构——上海零点市场调查有限公司开展“同济大学在深校友发展情况专题调研”，分析深圳校友发展规律，聆听深圳同济人心声，全面展现同济人的精神风貌、职业发展和社会贡献。

一、研究背景与目的

深圳(鹏城)作为改革开放的前沿阵地,从一个默默无闻的边陲小镇,到今天成为一座拥有近 2 000 万实际管理人口的现代化国际都市,拥有全球第三大集装箱港、亚洲最大陆路口岸、中国五大航空港之一,拥有华为、招商、平安、腾讯、万科、正威、恒大 7 家世界 500 强企业,吸引 200 多家世界 500 强企业前来投资。

深圳得以如此快速发展,背后也有历代同济人的默默贡献:港珠澳大桥、金融中心大厦、深南大道……在深圳 40 年改革开放的历程中,从城市建设到经济发展,从医疗教育到社会服务,众多领域都有同济人的身影。同济大学实际在深校友约为 4 000 人。近年来,同济大学每年向深圳输送一大批土木工程、交通运输、环境工程、城市规划、计算机、电子信息等各类专业本硕博人才。今天,深圳的改革已进入攻坚期和深水区,未来深圳必将继续走创新发展的道路。观念创新、制度创新和技术创新在智能装备、机器人、可穿戴设备、海洋、航空航天和生命健康等代表未来的产业上会投入更多。深圳的未来发展,呼唤同济大学输送更多创新型人才。

今天的同济大学正满怀豪情,扎根中国大地,朝着建设中国特色世界一流大学的目标奋力前行,在不断总结办学经验的同时,积极探索"双一流"大学建设的有效路径。为应对新一轮科技革命与产业变革,培养复合型的科技人才,同济大学在积极改变。2018 年新增 10 个本科专业,其中 7 个专业与"新工科"相关,分别是智能建造、智能制造工程、数据科学与大数据技术、海洋技术、新能源材料与器件、微电子科学与工程、车辆工程。在这些专业中,很多具有前沿性、代表性的研究都在深圳开展。深圳在新工科领域所提供的广阔机遇,将为来深圳发展的同济人提供更大的平台。

适逢改革开放 40 周年之际,同济大学委托第三方机构——上海零点市场调查有限公司分析鹏城校友发展规律,聆听鹏城同济人心声,全面展现同济人的精神风貌、职业发展和社会贡献。同时,就校友的社会认知及个人成就,基于对未来社会发展趋势的精准把握,对同济大学未来的发展建言献策,与学弟学妹分享在校学习生活、初入职场、创新创业等经验体会。

二、研究过程概述

(一)定量研究阶段

主要采取线上问卷调查的方式。通过对大样本数据进行回收,对同济学子在深圳发展的情况有一个大致的摸底。定量问卷于2018年5月正式在线发布。截至2018年10月,共收集到714份有效问卷。在调研过程中,深圳市同济大学校友会协助做了大量宣传、联系工作。

(二)定性研究阶段

主要采取深度访谈以及座谈会两种方式。根据定量问卷中得出的一些潜在结论,深度挖掘背后的原因。深度访谈于2018年5—11月集中展开,共计访谈了46名深圳校友,由零点公司的资深研究员和深圳市同济大学校友会的志愿者们共同完成。2018年11月11日,共开展了两场座谈会,分别邀请了来深圳不久的年轻校友以及在深圳扎根多年的资深校友。由零点公司的资深研究员组织开展,热心的深圳校友提供场地支持,使得座谈会得以顺利完成。

(三)分析总结阶段

通过专业统计软件SPSS22.0等工具对问卷回收数据进行挖掘、分析,并基于分析结果,结合深度访谈以及座谈会,深度挖掘深圳校友的行业贡献及其内在需求。着重从深圳的工作经验以及生活感受出发,分析同济校友改革开放40多年来对深圳所做出的贡献,并根据自身的发展经验对母校建言献策,最终形成报告。

第二部分
扎根鹏城

本部分主要介绍深圳同济人扎根鹏城的历程，包括：赴深圳发展的同济人有什么特征；当初是通过什么因缘际会选择深圳，在初入深圳择业的过程中所关注的要素；扎根深圳的过程中，同济人又经历了哪些酸甜苦辣，未来对深圳有哪些期许。

一、来了就是深圳人

“来了就是深圳人”，这句话不知道激励着多少年轻人，心潮澎湃地来深圳寻梦、发展、扎根。深圳，这座平均人口年龄仅有 32.5 岁[①]的年轻城市，也正以无限的激情回馈着每一个来这里发展的新深圳人。

同济大学，作为一所特色鲜明，具有国际影响力的综合性、研究型、国际化大学，每年为深圳输送着大批人才，投入深圳城市建设的各行各业发光发热。最近三年，每年都有上百名土木工程、交通运输、环境工程、计算机、电子信息等各类专业本硕博学子进入深圳市城市交通规划设计中心、深圳市市政设计院、腾讯、华为、大疆等单位发展。

我们不禁好奇，深圳吸引了什么样的同济学子？他们当初为何选择来这里发展？这一路走来都有着哪些感受？

（一）地缘分布：五湖四海齐聚深圳，广东人最多

五湖四海齐聚深圳，广东人最多。地缘的亲近性往往是考虑移居到其他城市的一个重要因素。首先，从省份来看，在深圳发展的同济人的入学前户籍地，将近三成来自广东省；其次是来自江西省以及湖南省，这两个省份紧邻广东省，对于想要外出谋发展的当地校友而言，深圳是一个很好的选择。

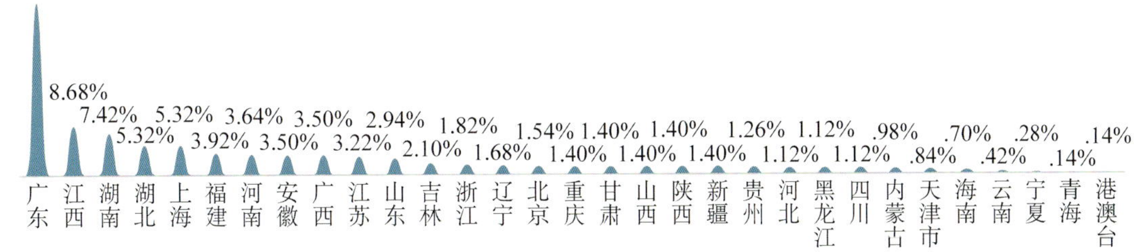

图 2-1 深圳校友入学前的户籍所在地占比

① 资料来源：深圳政府在线网。

其次,从大的区域来看,华南、华东校友最喜欢深圳。华南地区占比最高,超过三成的深圳校友原户籍地分布在华南地区;其次是华东地区以及华中地区。同时,也有一定比例的校友入学前户籍地在华北、东北以及西北等大区,再次证明了深圳这座城市对于想要谋求发展的人群来说是一个很重要的地标。深圳的影响力辐射到了全国,不仅吸引了省内、周边省份的人口,还吸引着来自全国各地的人才相继在这里落地生根。

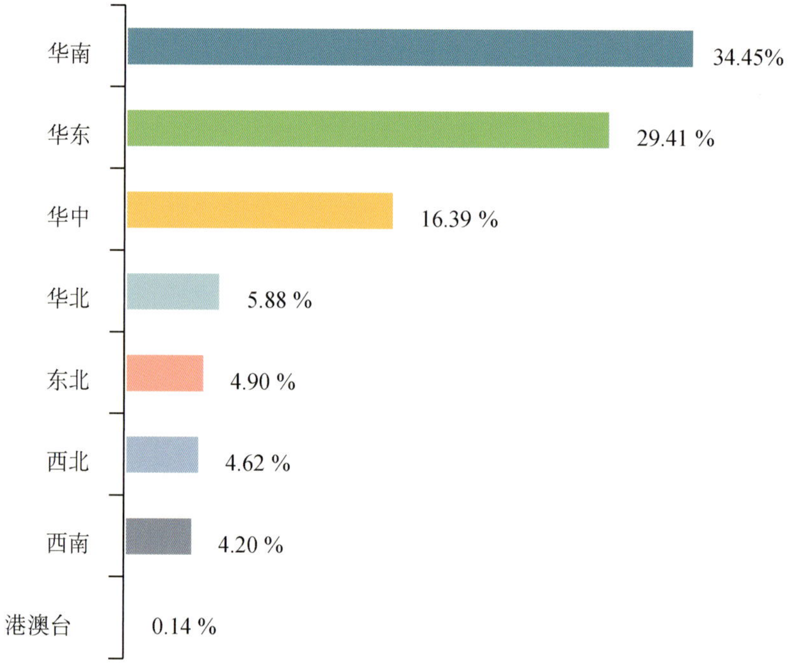

图 2-2 深圳校友入学前的户籍地域分布及占比

注:本书所指地域划分为

华南:广东、广西、海南

华东:山东、江苏、安徽、浙江、江西、福建、上海

华中:湖北、湖南、河南

华北:北京、天津、河北、山西、内蒙古

东北:辽宁、吉林、黑龙江

西北:陕西、甘肃、新疆、青海、宁夏

西南:四川、重庆、贵州、云南、西藏

港澳台:香港、澳门、台湾

（二）性别特征：男性居多，七成以上的深圳校友为男性

男性居多。七成以上的深圳校友是男性。一方面，这和同济大学本身的学科分布有着密切关系。历史上（1949 年以前）同济大学是一所综合性大学，集医、工、理、文、法于一体，1952 年调整为国内土木建筑领域规模最大、学科最全的工科大学，1978 年同济大学开始向综合性大学努力，目前已成为涵盖理学、工学、医学、哲学、文学、艺术学、法学、经济学、教育学、管理学十大学科，门类齐全的大学，但总体上，理工专业的招生规模和综合实力仍旧远超文科，男性又偏好理工科专业，这就形成了历年同济大学男多女少的性别结构。另一方面，与深圳改革开放 40 多年发展有关系，深圳从最开始的一个小渔村，经过逐步的大建设大发展，需要众多的城市建设领域高端人才，到后来制造业、互联网行业的发展，吸引了大批男性来此发展。

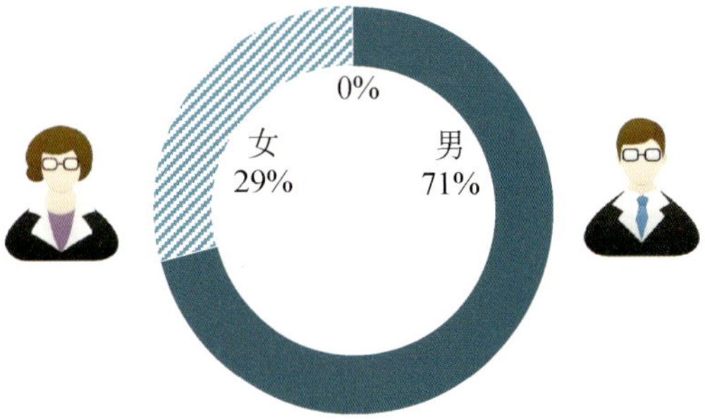

图 2-3　深圳校友的性别分布特征

（三）年龄特征：青壮年为主，将近五成的年龄为 26～35 岁

青壮年人群为主，近六成为 2011 年以后来深。深圳校友的年龄以 26～35 岁的青壮年为主，占比将近五成。可见深圳对于年轻人才的吸引力是比较强的，除了老一代拓荒牛，近年来深圳的影响力在持续增强，2011 年之后深圳的经济发展突飞猛进，城市发展日新月异，不断吸引着年轻人来发展。

在目前“北上广”一线城市老龄化加剧、部分年轻人逃离“北上广”、新一线、二线城市出台各项优惠政策吸纳人才的局势下，深圳平均人口年龄仅有 32.5 岁，这是一座其他城市远远无可比拟的人才富矿。能吸纳如此多的年轻人来此发展，再一次证明了深圳作为一个移民城市的魅力以及在吸引人才方面所取得的显著成效。

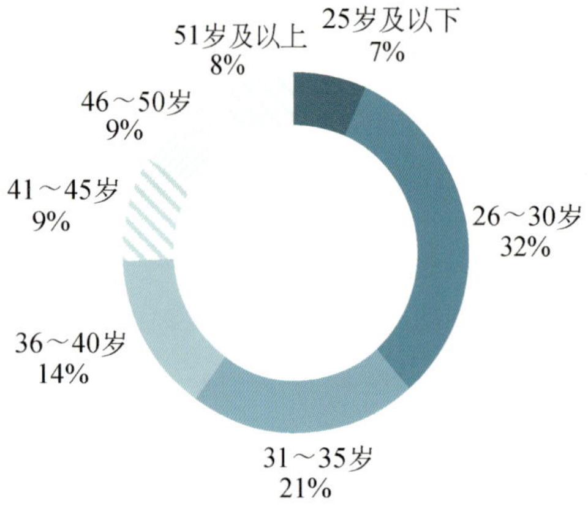

图 2-4 深圳校友的年龄分布特征

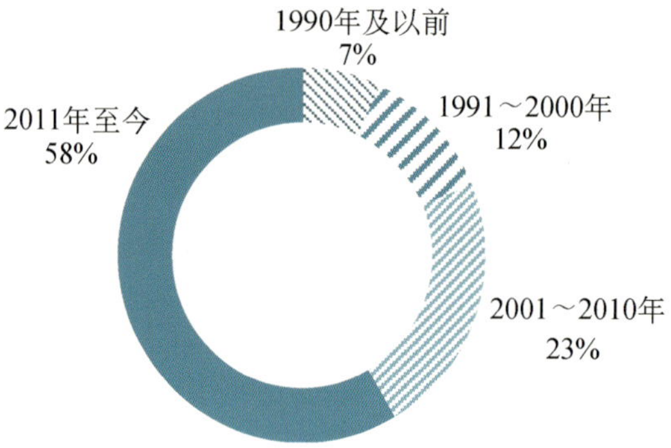

图 2-5 深圳校友毕业年份分布特征

(四) 学历特征:高学历为主,六成以上是硕士及以上学历

高学历人群为主。六成以上深圳校友的学历为硕士及以上,说明深圳对高学历人才具有较大的吸引力。其中具有硕士研究生学历的占 61%。这些校友中有 73.25%是来自同济大学上海校本部,有 26.75%毕业于同济大学 MBA 深圳分校。一方面,是深圳有相应的机会吸引高学历人才来深圳扎根、发展;另一方面,在深圳扎根的校友,愿意在工作之余继续深造,不断地提升自我。深圳具有吸引高学历人才魅力的同时,也激励着在这里扎根的人才们不断提升,更上一层楼,从而形成一种良性互动。

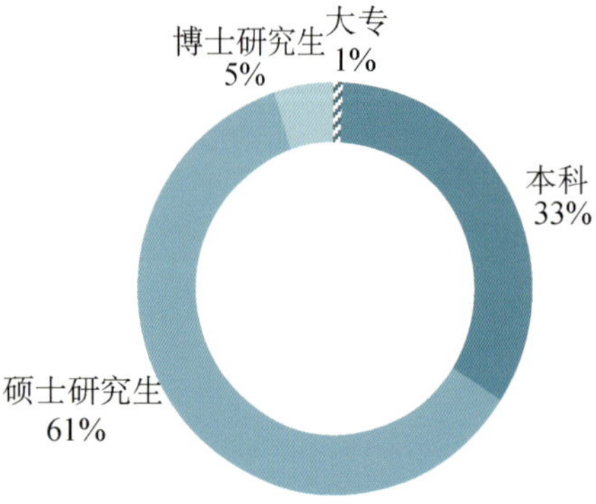

图 2-6 深圳校友的学历分布特征

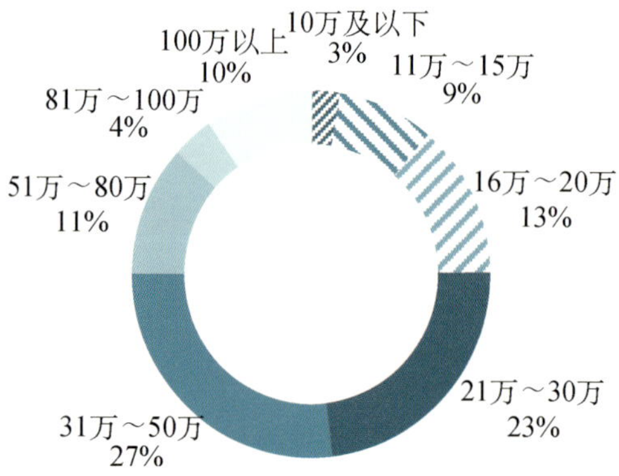

图 2-7 深圳校友的年收入分布特征(元)

(五) 收入特征:高收入为主,六成校友年收入在 21 万~80 万元

整体属于中高收入群体。深圳校友年收入在 21 万~80 万元的占了六成。更有 10%的同济人年收入超过 100 万元。截至目前,据不完全统计,对全国各地的平均月工资进行排名,深圳排在全国第四,在广东省内深圳市的平均工资位列第一。一方面,可以看出深圳市提供的工资在全国和省内来看都属于比较高的水平;另一方面,从深圳市的平均工资分段中可以看出,虽然平均工资高,但收入的差距是比较大的。平均月工资呈现出正态分布的特征,3 000~4 500 元的平均月工资占比最高。而同济人在深圳拥有 20 万元的年收入,在深圳属于前 3%的高收入人群了。这说明大部分深圳校友的发展很出色,整体实力很强。

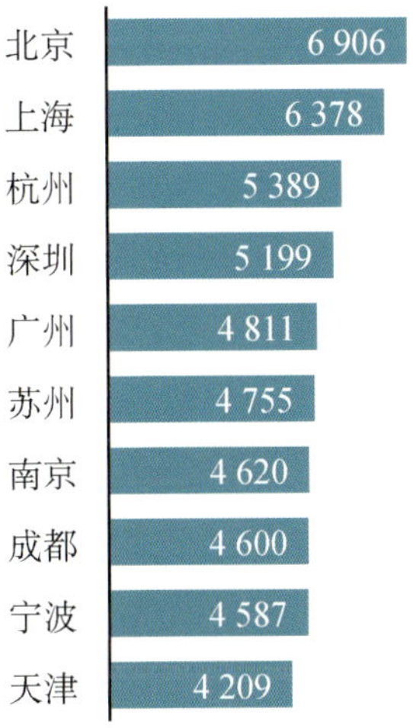

图 2-8　全国各大城市平均工资情况(元)

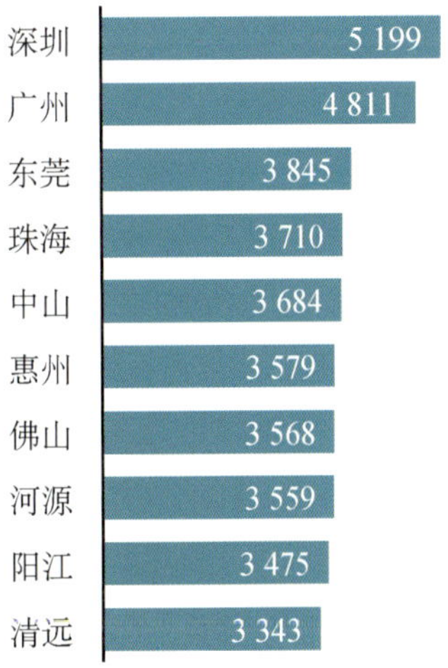

图 2-9　广东省内各城市平均工资情况(元)

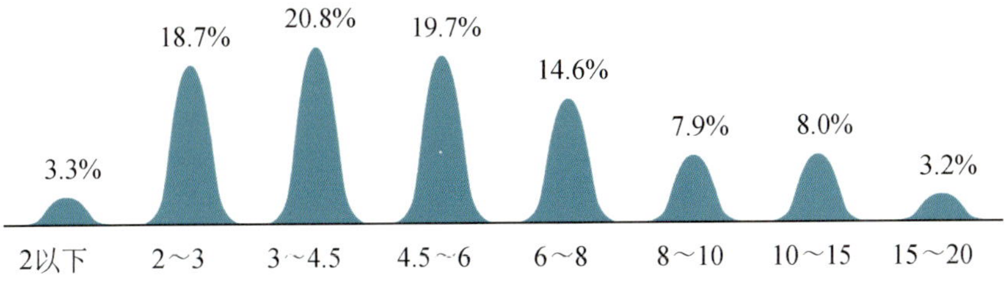

图 2-10　深圳市平均月工资分布特征(千元)

在所有深圳校友中，经济与管理专业薪资最高。从在校所学专业的维度去看薪资可以发现，经济与管理类高薪资占比是最高的，在年薪百万元的同济人中占比达到三成。年薪 20 万元以上的同济人中也是经济与管理专业占比最高。一方面，是经济与管理学院的非全日制 MBA 学员在入学前大多有工作经验，而且在入学时专业学识和工作经历有较高水平，因此收入普遍较高；另一方面，目前深圳比较重视金融投资领域，这部分从业者工资水平普遍较高。此外，土木工程学院的校友薪资呈现两极化的状况，低薪和高薪的占比都比较高。对于初入本行业的学生来说，土木

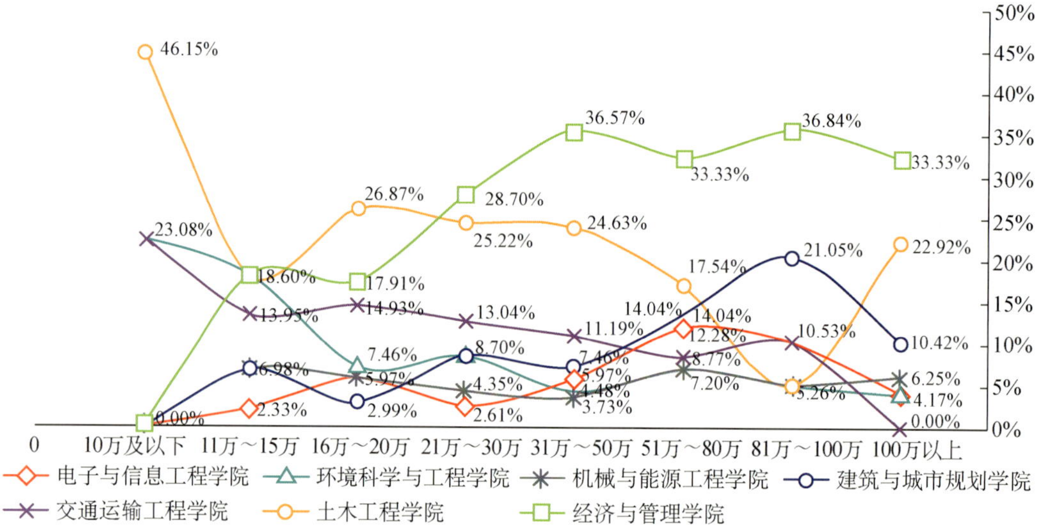

图 2-11　不同专业的深圳校友收入分布情况(元)

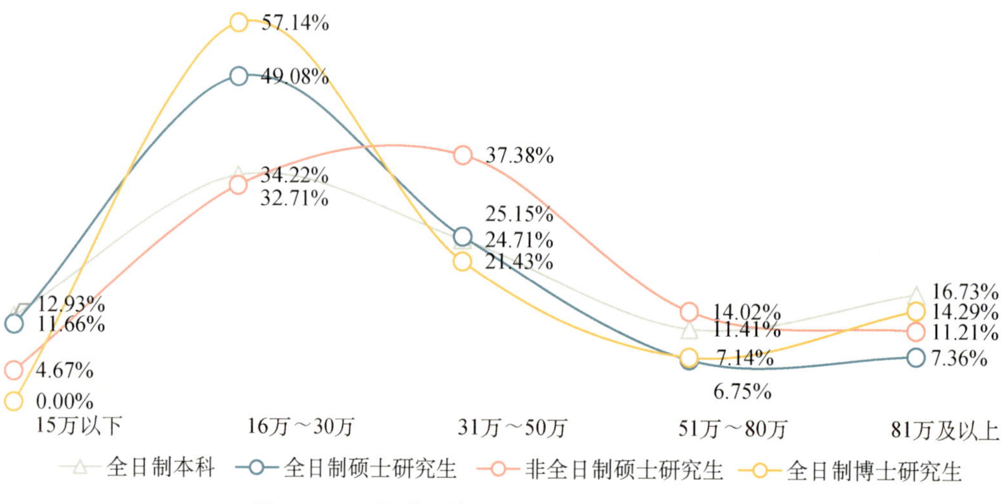

图 2-12　不同学历的深圳校友收入分布情况(元)

类专业是同济大学的传统优势专业，无论是学校给予的专业素养还是行业内的人脉资源，都将助力同济人在这个行业越来越好，因此要有专业自信心，不忘初衷，练就扎实的专业能力，未来必将有所发展。

（六）职务分布：管理层居多，七成以上做到管理层

管理层居多。管理层占到了七成以上，其中以中层管理者居多，其中有12%的同济人在深圳创办了企业，成为企业的创始人或联合创始人。从技术职称来看，有五成的同济人拿到了初级及以上职称，其中以中级职称居多。毫无疑问，同济大学严谨求实、团结创新的优良校风影响着一代代的同济人，同济人在自身的优势行业中把这样务实的精神发扬光大，脚踏实地地发挥自身的专业技术特长，并逐步转入管理层。此外，创业型人才也值得关注。从2018年中国城市创业竞争力排行榜来看，深圳位列全国第三，属于第一梯队。深圳是一个鼓励创新的城市，包容更多的可能性，甚至可以说创新是融入了深圳这座城市的基因里。在这样一个肥沃的创业土壤里，优秀的同济人在这里闯荡出了自己的一番天地。

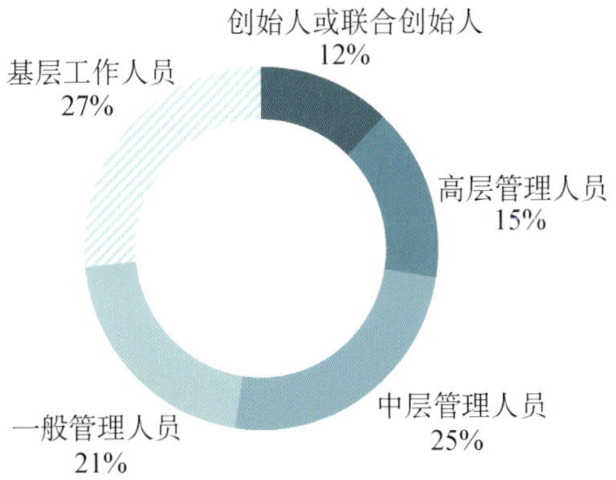

图2-13 深圳校友职务分布情况

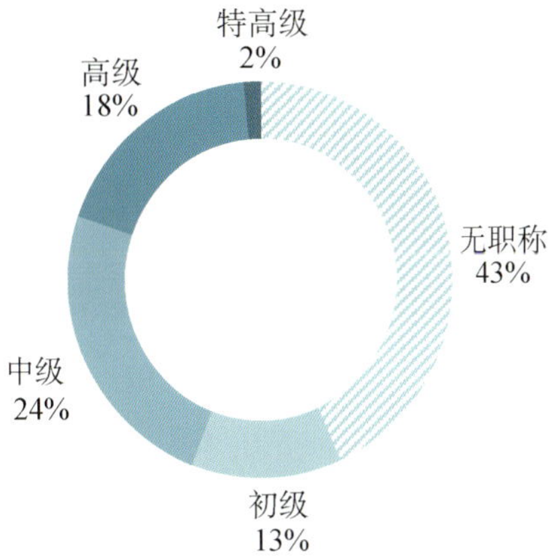

图2-14 深圳校友职称分布情况

表2-1 2018年中国城市创业竞争力排行榜

排名	城市	所属省市	综合得分	名次变化
1	北京	北京	100.00	—
2	上海	上海	61.56	—

(续表)

排名	城市	所属省市	综合得分	名次变化
3	深圳	广东	39.39	—
4	广州	广东	26.76	—
5	杭州	浙江	22.15	—
6	南京	江苏	18.44	↑2
7	武汉	湖北	17.88	↓1
8	重庆	重庆	17.72	↑1
9	苏州	江苏	17.61	↓2
10	成都	四川	17.29	—

综上,来深圳发展的同济人的人群画像特征十分鲜明。这是一群高学历、高收入、多为管理层、以青壮年男性居多的精英群体。

二、没有梦想,何必深圳

这样一群优秀的同济人当初是如何想到要在深圳发展打拼?这中间有着怎样的因缘际会,又有着怎样的职业发展规划呢?

(一) 深圳,逐梦的一方热土

深圳作为改革开放的前沿阵地,其经济发展得到了国家极大的支持,有很大的自主权。深圳人看着一座座高楼平地而起,经济迅速发展,势头不可阻挡。在那个找工作还需要学校分配的年代,大批同济人开始主动请缨,以各种方式怀着满腔热血来到深圳。这股藏都藏不住的热血使得深圳成为追梦的一方热土。

但其实如果要追梦,"北上广"也是众多选择之一,为什么这些校友会选择深圳?深圳作为城市本身有什么样的独特魅力吸引了这些前来发展的同济人?答案就藏在梦想、机会、公平、自由、包容中。在谈及为什么来深圳发展,这些词是同济校友提到最多的。这就是深圳所独具的魅力,也是大多数同济校友来深圳的原始驱动力。

1. 特区发展，时代魅力

不可复制的时代背景。对于资深的校友来说，政策的号召是他们来深圳发展最大的动力。“全国支援特区、特区服务全国”的浪潮吸引了无数热血的同济人。而深圳也没有让同济人失望，以欣欣向荣、万象更新的城市面貌迎接着来自四方的同济人。

某资深校友：“本科毕业的时候拼命想留在上海，因此读博，博士毕业后毫不犹豫选择深圳。在‘全国支援特区、特区服务全国’的政策下，深圳成为一片吸引满怀激情和梦想的热血青年前来开拓视野的热土。当时国内的大学毕业生除了出国外，很多渴望能够来深圳实现人生抱负。”

某资深校友：“临近毕业的时候随同学前往深圳调研，被深圳这片蓬勃发展的热土所深深吸引，20 世纪 90 年代，邓小平同志去南方，深圳万象一新，一派欣欣向荣的景象，是有志青年大有可为的舞台。每天都是热血沸腾的感觉，无数的项目在等着我们，大家都是拼命干活。”

某创业校友：“那个时候工作是国家分配，当时其实是可以留在上海的，但是当时就想着到外面多做点事，就主动跟辅导员说要来深圳。之所以选择深圳，是因为当时有同学在深圳做毕业设计，回来后告诉我们深圳是特区，那里充满着机会，我充满着期待，觉得应该来闯一闯、看一看，所以就来了。”

某创业校友：“来到了深圳，才知道了什么叫创业。1980 年第一次来深圳，就被当时特区那种干事热火朝天、跟国际接轨、敢为天下先的精神所感染。”

2. 年轻活力，不断成长

年轻意味着活力，意味着更多的可能性、不确定性、创造性，意味着犯错误是被允许的。深圳就是这样一座有朝气的城市。未来是什么样，没有一个既定的轨迹，一切都靠自己的想法和拼搏来创造。这对于有为青年而言，具有极大的吸引力。

某创业校友：“给我的感觉就是当时在上海会有许多前辈指导我，所以上海是一个比较成熟的城市。到了深圳以后，包括在设计院，我的办公室主任就比我大 5 岁，整个部门领导也就比我大不到 10 岁，我 2007 年进入公司，公司成立时间大概是 2000 年,公司本身就很年轻,朝气蓬勃。”

某放弃留在北京的校友:“最大的问题是留北京,在国有单位的话,你就能看到你老了的样子。而在深圳的话,你不知道你以后会是什么样子,那就有意思了。上海设计院的总工,比如说 50 多岁,老了就那样。而在深圳呢,未来有不确定性,不确定就有吸引力。”

某资深校友:“1985 年 4 月份来深圳实习,来实习的时候,当时指导老师问我想不想来深圳。那时候深圳是规模比较小,但是跟内地其他城市相比,内地城市又太沉闷了。而深圳这座城市比较有活力。我觉得年轻人要去有活力的地方,我就答应了。”

年轻的城市意味着很有很多发展建设的可能性。

某医学专业校友:“深圳不像那些老城市,老医院很多,它的人口比北京、上海少得不太多,但是医院少很多,所以个人发展空间比较大、机会比较多。深圳本身有很多外地人,但是大家都觉得来了就是深圳人,医学这个专业相对来讲比较稳定,在深圳也能扎根。如果再有一次选择的机会的话,还是会选择来深圳的,虽然很多同学在北京、上海,但是还是深圳的机会更多一些。”

某在高校发展的校友:“在深大当老师的这几年感触特别明显,虽然高校生活比较稳定,但是深圳的高校相比于内地的高校机会和压力并存。一方面,这里高校数量少、学校在不断扩容、整体还处于上升发展期,因此机会特别多;另一方面,这里的同事大多是国外名校博士毕业的,因此自己如果想要有好的发展,必须要更加努力。”

年轻意味着快速学习、快速成长。而深圳的这种不断学习和成长的精神也反过来激励着更多来深圳的同济人。

某年轻校友:“来之前是因为校招,来了以后能感觉到这座城市的快速变化。虽然来了两年,但是感觉深圳每天都在变化,可能过几天你周边就会有栋楼盖好了,过段时间发现哪里又通地铁了,而且这里的人学习能力很强,感觉大家每天都在学习,在进步,不进则退。这样的环境逼着每个人不断学习、不断进步。”

3. 公平竞争，包容多元

公平竞争。在深圳不靠人际关系，不靠学历，靠的是自己的努力和拼搏，只要你有想法，只要你敢做敢为，就会看得到成绩。深圳通过严格的优胜劣汰法则，最大程度上为年轻人提供了一个公平竞争的氛围。

> 某校友："我们做项目全国各地跑，有几件事情是别的地方跟深圳没法比的。第一是人际关系，你现在遍访全中国，哪个地方的人际关系比深圳更简单？第二是公平。举个例子，在企业里，如果你凭关系进来，你们两个关系好可以，但是你表现不好立马走人，这在深圳是很平常的事情，优胜劣汰的竞争很强烈。"
>
> 某毕业后直接选择深圳的校友："毕业以后肯定不会回老家，在这边办事情很简单，按章程办事，而且很多事情可以网上预约、邮寄，有时候一次都不用跑就能办事。"
>
> 某"草根"校友："因为我自己没有什么背景，要靠自己打拼。我当时要有可能留上海，我导师可以给我一些资源，对我很好，帮我介绍工作，他很少给学生推荐工作的，他跟我推荐了好几份工作，后来我想了一下，我觉得深圳这个地方相对来说市场化的氛围比较好，对于普通人来讲，可能机会多一些，只要你自己肯干，总有很多种机会，后来我就来这了。"
>
> 某扎根多年的校友："作为一座移民城市，这里的人敢于拼搏，节奏快，效率高，只要努力去做，就会获得很多机会，我没有根基和背景、资源，只能靠努力奋斗，正适合来深圳这样的城市。与其他城市相比，这是非常难得的。"

包容多元。作为一线城市，深圳与其他一线城市最大的不同在于更公平、更自由、更包容，这也为每一个来深圳谋求发展的同济人带来了更大的希望。因为大家都是外地人，所以大家来了之后都是深圳人，人与人之间的地域偏见更小。

> 某校友比较了上海和深圳："在深圳，因为大家都是外地人，所以大家都是本地人。以前经常被人家说乡下人，在深圳就不会，大家来了就是深圳人。"

某校友:“城市包容性强,从根本上说深圳没有本地人。大家都是外地人,互相之间没有优越感,所以谁也不会看不起谁。”

4. 小政府,大社会

不管是对产业的扶持,还是对外来人才的吸纳,深圳的政策都更加宽松,更加包容。深圳没有外来者,或者说深圳都是外来者,都是打拼者。就创业而言,深圳政策相对比较宽松,没有像北京、上海有那么多条条框框,可以更加放开手脚来做事情,以市场为优先,这也是深圳的魅力所在。

某校友比较了北京、上海和深圳:“深圳是小政府大社会。如果在北京或上海,管你的‘婆婆’较多。所以只有深圳才能最早出现市场化服务的公司,如果在其他地方,政府部门可能不认可。深圳谁认识谁啊,你干活就行了。所以我觉得年轻人来深圳是比较好的。你想办公司,那就去办吧。这里的政策对创业设的门槛特别低。”

5. 国际接轨,放眼全球

国际化视野。深圳地理位置得天独厚,毗邻香港,放眼世界,眼光更加国际化,平台更加广阔,做好了就可以走出国门,也可以吸收更多的国际经验,不断地相互交流。这就造就了与内陆城市相比完全不同的国际化视野。

某校友:“深圳是中国一个特殊的点,它跟香港接壤,所以无论是开厂、办公司,还是消费,直接跟国际接轨,你来了就是同场竞技。因此,学习国际上的经验就有优势,它就在你旁边。别的城市没有这种机遇,只有深圳。”

6. 新兴行业,欣欣向荣

一线城市最大的魅力就在于拥有更多的机会,深圳拥有华为、招商、平安、腾讯、万科、正威、恒大7家世界500强企业,吸引了200多家世界500强企业前来投资,拥有全国最大的创业密度,每千人就拥有151户企业。如此多的企业所产生的就业机会是不可估量的,而这种氛围所带来的正能量也在不断提升深圳的影响力。

某校友："在上海工作了两年，从事的主要是智能设备、集成方面的工作。2013 年 5 月到深圳来的，一直都在互联网公司工作。当时在上海公司跟团队一起做一个智能停车场项目，被深圳一家公司打得体无完肤，那次也意识到深圳这边互联网公司还是蛮多蛮强大的，就过来了。"

某资深校友："现在的深圳更富有创造力、更有活力。之前的深圳重视代工制造，强调的是'三来一补①'，现在开始向智造发展，更加强调自主创新。由于之前有电子制造的基因，现在智能、创造这些领域在时间和经济成本方面更具有优势。"

某资深校友："非常推荐年轻人来深圳。现在深圳在国内至少是应该排在三四位的城市，而且阶层还没有固化，这就给很多愿意付出、愿意努力的人更多的机会，所以未来的这几十年在中国还是看好深圳的。现在国内比较前沿的 VR、AI 技术等都聚集深圳。深圳是一个创业型的城市，未来一定是属于深圳的。踩准点对年轻人来说很重要，所以推荐大家来深圳发展。"

在深圳这片热土，不管是在老一代深圳校友身上，还是时至今日，在同济的年轻人身上，都传承了敢拼敢闯、开疆拓土的精神。老一辈受到政策的号召，深深地知道深圳有很大前景，凭借着一股热血要去开垦。年轻一代人经过更加理性的分析，结合前辈的经验，进一步明确了自己在深圳可以大有所为。深圳发展之迅速有目共睹，各个产业也在不断地优化升级。年轻一代真切地感受到了深圳各方面的实力，为了个人的理想和发展，选择来深圳闯一闯。不变的情怀是同济人始终怀着一个共同的理想，通过自己的专业技术，凭借突出的个人能力为社会多做一点贡献，为社会主义建设添砖加瓦。

（二）深圳，筑梦的开始

初来乍到，找工作是最核心的事情之一。那么，在同济校友初入深圳求职的过程中，都是怎么找到第一份工作的？在找工作的过程当中最看重的是什么？寻找的工作是否与自身的专业相匹配？

---

① 来料加工、来样加工、来件装配和补偿贸易，是中国在改革开放初期尝试性创立的企业贸易形式，最早出现于 1978 年。

自主择业是主流。社会招聘以及校内招聘会是两个最主要的求职途径。这两个途径的自主选择性相对较强,对于初入深圳的同济人来说,他们在深圳所熟悉的资源不多,因此较少依赖亲友、老师推荐,同时,深圳校友取得目前的成就,从另外一个方面也印证了深圳众多的机会以及对于求职者个人能力的看重。在20世纪包分配的年代,仍旧有相当数量的同济校友选择自主择业。某资深校友说:"虽然国家给分配工作,但是当时来深圳3天里就找了3份相当好的工作。"

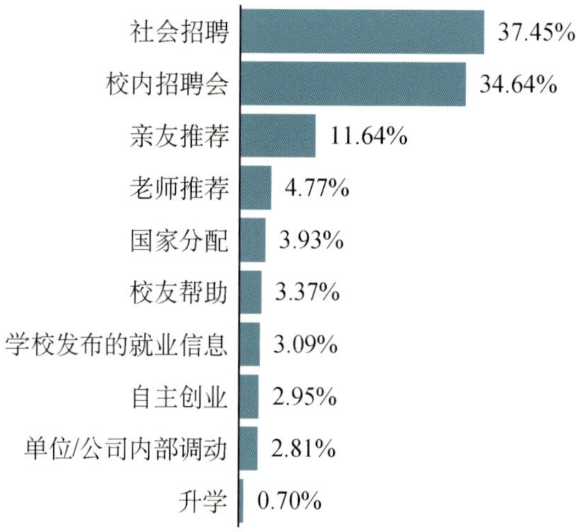

图 2-15　深圳校友主要的择业途径

1. 薪资待遇很重要

薪资待遇很重要。在求职的过程中,总体来看,被认为重要的是薪资待遇、行业发展以及自身职业规划。

其中,男性和女性在三者的重要性顺序上略有差别。女性认为自身职业规划是最重要的,其次是行业发展以及薪资待遇。男性更看重薪资水平,其次是行业发展以及自身职业规划。按中国人传统观念,男性更多地承担了养家糊口的重任,因而在薪资方面的要求也相对更高。工作环境以及工作生活平衡是排名靠后的两个议题。相对男性而言,女性更看重工作环境以及工作生活的平衡。从这个重要性的排序可以看出,来深圳发展的同济人在事业上都十分拼搏,结合行业的发展和自身的职业规划,选择薪水可观的职业作为来深圳工作的重要考虑因素。不能说同济人不在乎工作环境以及工作和生活状态是否达到平衡,而是说为了在深圳有更好的发展，为了自身可以在深圳立足，处于事业上升阶段的同济人把重心更多地放在了努力工作上。

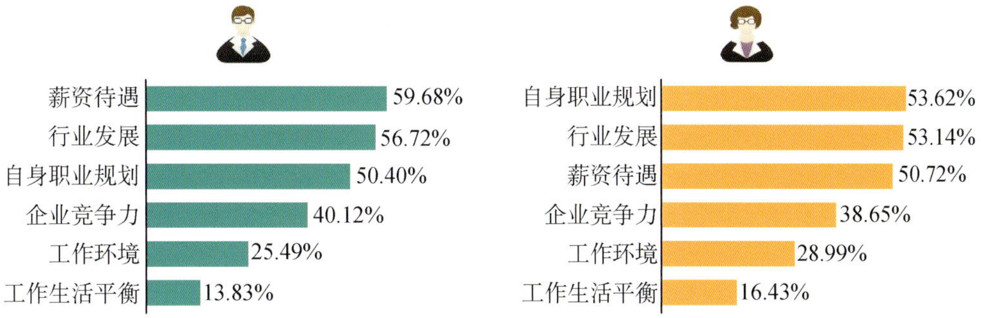

图 2-16　不同性别的深圳校友在择业时所看重的因素

2. 35 岁以下的群体更关注薪资待遇

从年龄的维度来看，35 岁以下的青壮年人群最看重的是薪资待遇；36～45 岁的中年人群最看重的是行业的发展；再长一点的年龄，46～50 岁的人群最看重的是自身的职业规划。年龄越长，目光放得越远，越看重长远的价值，不管是行业发展，还是自身的职业规划。同时，高薪资对于年轻人群来说其吸引力是不言而喻的，但并不是说年轻人群不在意行业发展和自身规划，而是希望行业的发展和自身的职业规划可以为自己带来更好的物质条件。

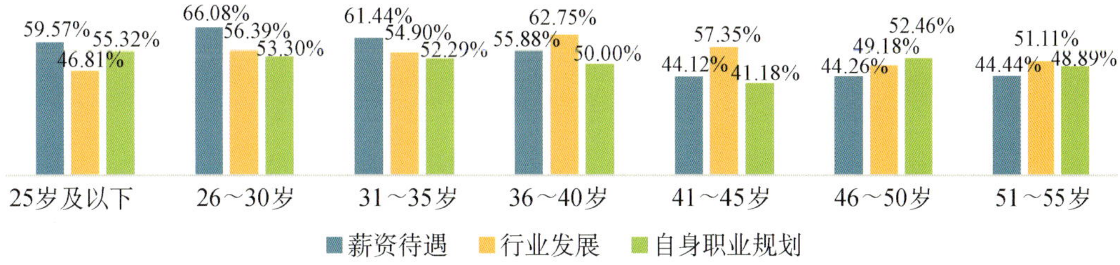

图 2-17　不同年龄的深圳校友在择业时所看重的因素

3. 非全日制硕士研究生更看重自身的职业规划

除了非全日制硕士研究生之外，全日制的本科生、研究生和博士生都更看重薪资待遇。只有非全日制硕士研究生更看重自身的职业规划。他们更在乎如何通过硕士阶段的学习达到自身职业规划上的发展。这可能是因为非全日制的学生在职场上已打拼了一段时间,各方面的物质条件都有一定的累积,薪资也很不错,他们考虑的是如何可以向上发展。也可以说,非全日制硕士学生的学习目标更加明确。

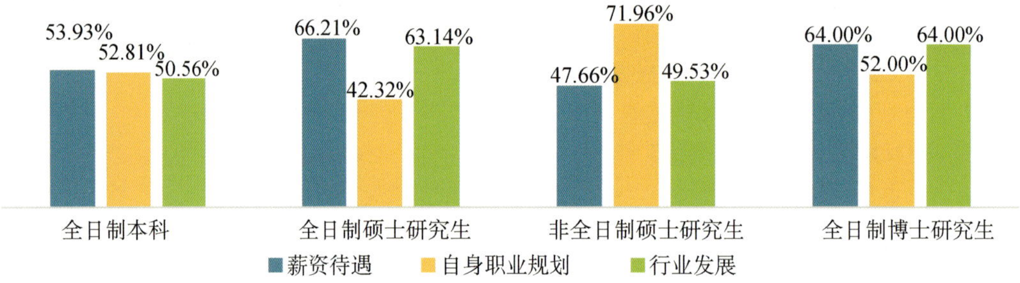

图 2-18　不同学历的深圳校友在择业时所看重的因素

4. 按专业分为三类:务实者、理想者、识时务者

第一类是务实者,主要看重薪资:包括材料科学与工程专业、交通运输工程专业、机械与能源工程专业以及土木工程专业。这些专业的深圳校友主要特征是专业技术能力很强,希望通过自身的专业技术可以获得更好的生活。

第二类是理想者,主要看重自身职业规划:以建筑与城市规划专业的学生为主。建筑与城市规划专业是同济的传统优势专业,学生对于专业的认同度很高,也希望在建筑领域可以发挥自己的能力,更多的理想和情怀愿意投注于此。

第三类是识实务者,主要看重行业发展:包括经济与管理专业以及电子与信息工程专业。经济管理和电子信息专业是时下的热门专业。这一类同济人看清了当下的时代发展趋势,更愿意投身于有更好的行业发展前景的职业中。

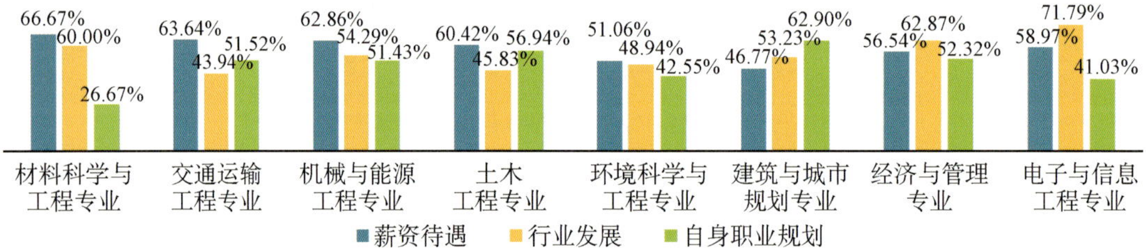

图 2-19　不同专业的深圳校友在择业时所看重的因素

工作和专业的匹配性。超过三成的深圳校友是经济与管理学院毕业或正在学习(深圳 MBA 校友)的,其次是土木工程以及交通运输工程专业。从专业和工

作匹配性的角度来看，交通运输工程专业毕业的校友专业与目前工作匹配度最高，其次是建筑与城市规划以及土木工程专业。交通、建筑以及土木这些同济的传统优势专业相对而言更需要精专的技术，因此在选择专业的时候也更加匹配。此外，同济大学在相关领域的专业知名度以及行业资源的积累也在吸引同济大学的毕业生进入这些领域工作。某校友说："土木、建筑、交通就是同济的名片，而前边师兄师姐在行业内的积累也可以帮助我们的职业道路发展得更顺。"

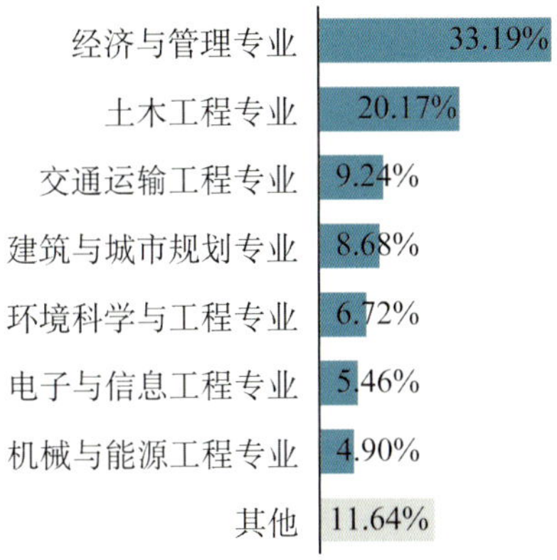

图 2-20 深圳校友毕业所在专业

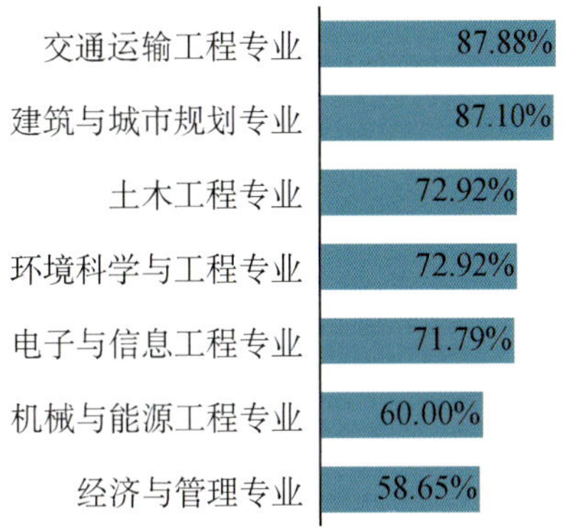

图 2-21 深圳校友专业和工作的匹配度

以上专业与工作匹配度之高，得益于同济大学独特的专业教育，在专业课讲述中强调学以致用、与实践接轨。

某传统优势学科校友："同济的教育使我可以很快适应一线的工作。那时候同济提供了'基本对口'的教育，学习工业与民用建筑工程专业的时候，我们在学校的实习就是去一些建筑公司的工地，下工地看工程质量怎样。比如钢筋配得对不对，施工队有没有偷工减料，就是现在所说的监理，但那时候监理还不普及，也就是刚刚试点。"

通过分析不同院系的学生最终从事的行业可以得出类似的结论：建筑与城市规划学院、土木工程学院、交通运输学院的学生目前从事的工作领域与专业最为相关。经济与管理学院的学生除了从事金融业以外，也有不少人选择进入制造业以及信息技术服务业。此外，电子信息工程和机械与能源工程专业的学生除了从事本专业以外，也会从事金融行业。

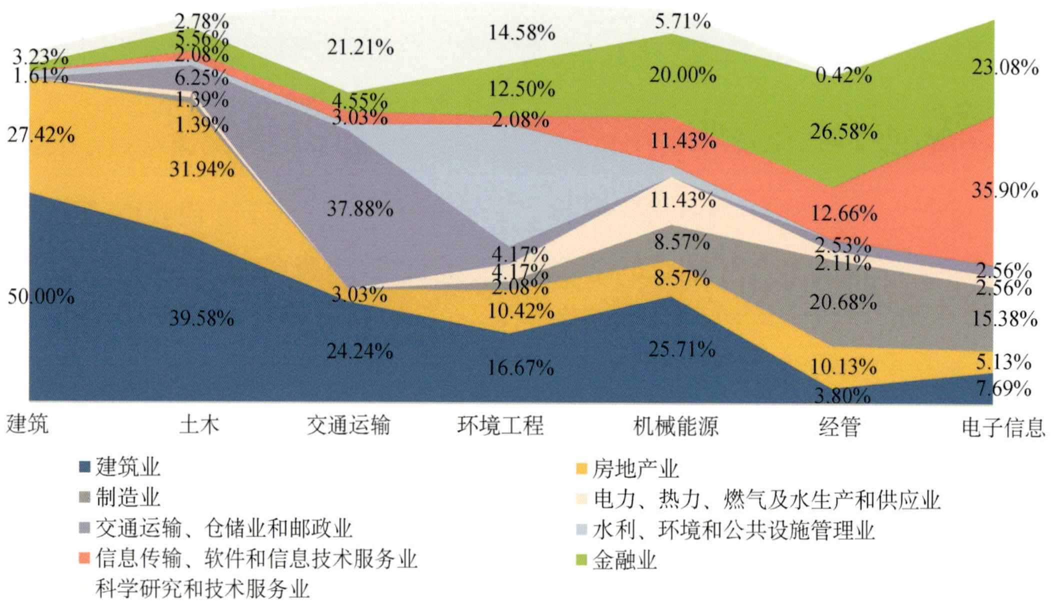

图 2-22　深圳校友毕业院系与工作的匹配情况

这也能在当初同济人为什么选择学习该专业的理由中得到解读。交通运输工程、土木工程、环境科学与工程以及机械与能源工程这四大专业是同济的强项，学生进入这些专业学习是因为同济学校或专业名气在外，毕业之后希望通过学校和专业的名气进入专业的领域获得更好的发展，也回应了上文所阐述的同济人的务实精神。

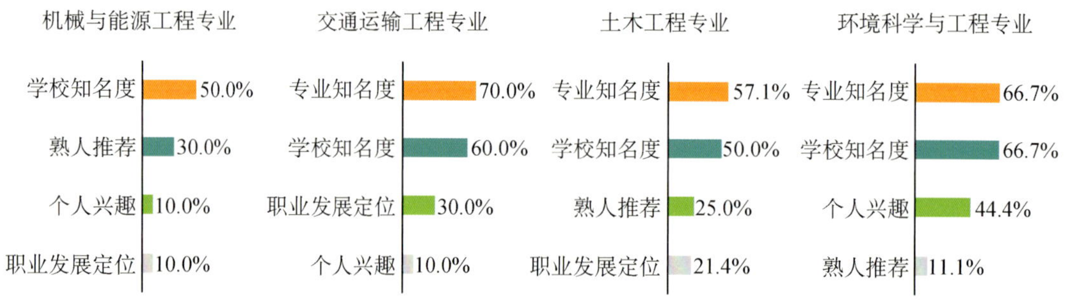

图 2-23　机械、交通、土木及环境专业校友选择专业的原因

因为追求个人兴趣爱好而选择读该专业的比例中，建筑与城市规划专业的学生占比是最高的。和其他同济优势专业有所不同的是，除了单纯因为建筑专业的名气之外，建筑专业对学生在绘画、美学等方面有较高要求，进入该专业学习的学生在前

期基本会有相应的个人爱好。某校友:“我高中的时候非常喜欢画画,一想到学建筑能每学期出去写生、这里跑那里玩的就非常开心,所以高考报志愿我所有的专业都选择了建筑,几乎就觉得我这辈子就要学建筑了吧。”结合了自身的兴趣爱好以及同济的优势学科选择进入同济建筑专业,这也回应了建筑专业的学子为了实现自己理想抱负的精神。

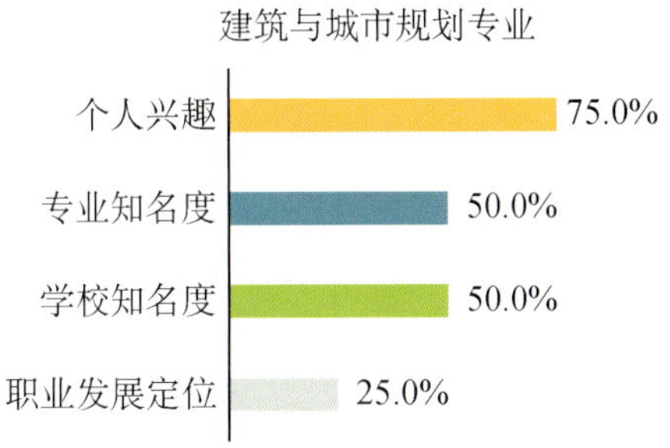

图 2-24　建筑专业校友选择专业的原因

电子与信息工程专业和经济与管理专业的学生考虑更多的是自己未来的职业发展方向,认可专业在未来就业市场的发展潜力,因此选择进入该专业进行学习,也符合前文所述,这些学科的学生更识时务、对时代发展趋势有着深刻的理解。

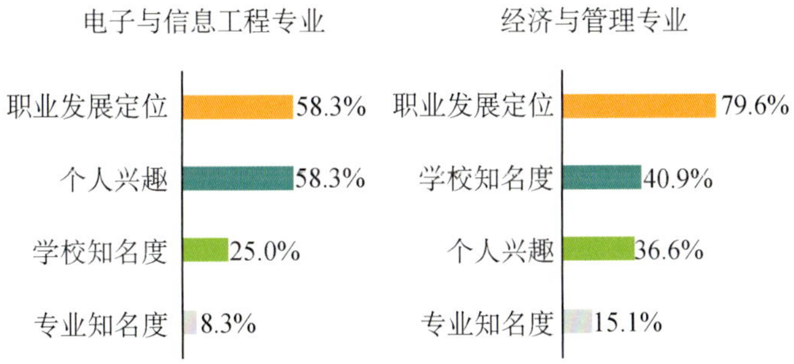

图 2-25　电子信息及经济管理专业校友选择专业的原因

5. 六成以上同济人获得深圳户口

多数已经持有深圳户口。通过同济人自身的努力和拼搏,六成以上的同济人获得了深圳户口。深圳的落户政策不断放宽,对于同济学子来说,想要落户深圳并不是一件特别困难的事情,无论是毕业生入户、在职人才引进、积分入户,都可以通过自己的才华和能力获得。

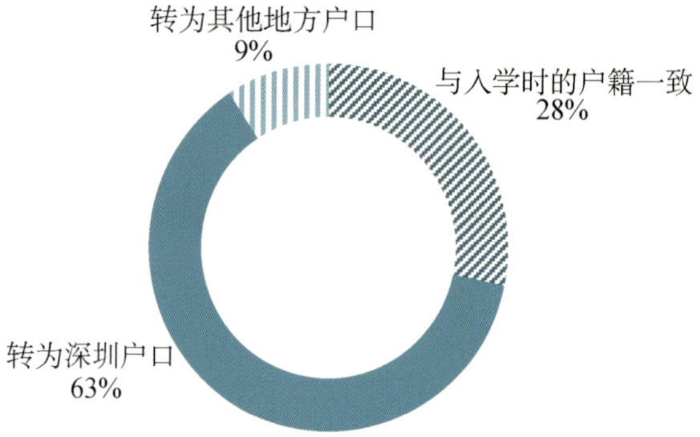

图 2-26　深圳校友目前户籍情况

三、新深圳人

作为新深圳人，在适应深圳生活的过程中，这座城市给了同济人一种什么样的感受？是成就，是拼搏，是压力，是焦虑？

（一）扎根深圳的酸甜苦辣

工作强度大。每周工作 40～49 小时是常态，更有四成的同济人工作时间超过 50 小时，有一半的深圳校友每周加班时数超过 6 小时。1 年内出差次数多于 5 次的人超过五成。根据 2017 年滴滴出行《全国城市加班数据分析报告》显示，深圳和上海白领的加班指数并列第二，排在北京之后。

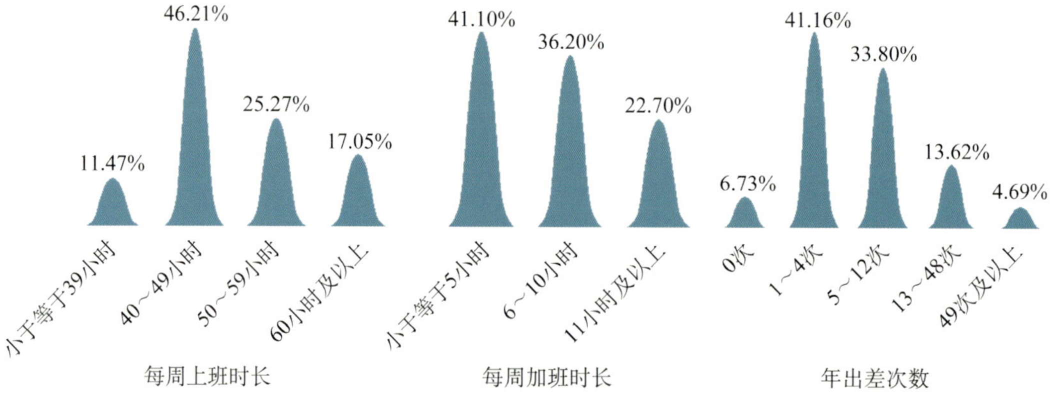

图 2-27　深圳校友工作状态

那么，工作时长和收入是什么关系呢？年收入在15万元以下的工作时长在49小时以下居多；工作时长超过50小时以年收入50万元以上居多。也就是说，要收入在一定水平之上需要付出更多的心血。

累而值得。努力被看见，拼搏获成绩，这应该是职场上最令人感到愉快的事情。而深圳就是这样一方热土。我们看到了同济人背后这么大的工作强度，看到了在深圳打拼的工作者们洒着青春热血，而这一切都是值得的。

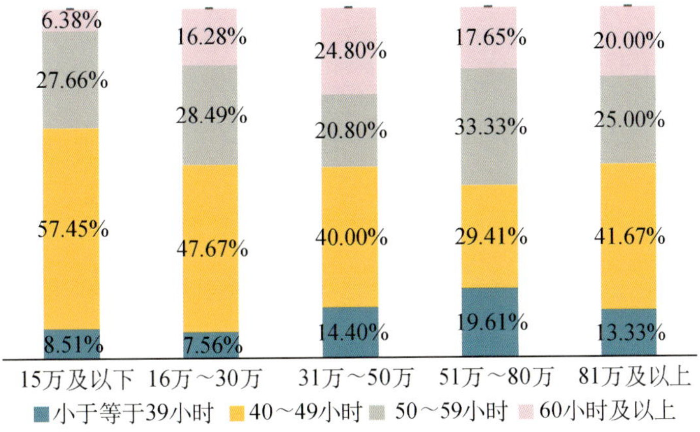

图2-28　深圳校友周工作时长与收入状况(元)

某资深校友："有想法，有远见，有魄力，很高效。在深圳工作你会感受到周围热火朝天的氛围和说干就干马上进入工作角色的做事风格。刚来就做方案，做完方案就跟市长汇报。定什么做什么非常高效地就决定，还很细致，而且很多领导都很有远见。例如在进行城市道路规划的时候，我们按照常规进行设计，但是领导的要求是预留一个30多米宽的绿化带，这在当时是非常大胆的想法。而现在看来，这是非常有远见的想法，不仅美化了城市，同时也为后续的城市发展预留了弹性的拓展空间。而这些想法在内陆地区是不可能出现的，即便是出现了也不可能落地实施，但在深圳一切都有可能。"

某资深校友："当时我们这个工作很容易写出彩，工作环境比较艰苦，又与专业紧密相关，每天钻炉膛啊，下车间啊，穿那个连体衣的工作。我刚到单位就是跟着工人师傅一起倒班工作10个月，从他们身上学到了很多东西，很快就能上手，各个工种都干了。所以把我们的工作内容拿来参加演讲比赛，立马就被上级单位市环卫处注意到了。后来又代表市城管局参加市直机关组织的演讲比赛,得了全市三等奖。然后就有记者采访我,还给我写了一篇'豆腐块',标题是'工作着是美丽的',内容就是介绍我。后来环卫处要搞城管课题调研,就把我抽调过去,后来就长期在机关里了。"

某创业校友:"开始做医药那段时期的辛苦和艰难至今难忘。为了建立起自己的医药营销体系,一年大部分的时间要在全国跑来跑去,跑医院、跑药监局,南下北上,到处奔波。还记得在2000年的时候,曾经有60个晚上坐在火车上的经历,经常是在火车上半夜站到深圳的。创业时期已经把火车坐怕了,现在都不敢坐了。"

某创业校友:"周末加班什么的很常见吧,平时也会加班,基本上一天顶别人的三天,但是收入也上去了。"

(二)扎根深圳的未来期许

深圳对于选择在这里发展的同济人而言,意味着什么呢?以后是否要继续在深圳生活?对深圳的工作和生活是否还满意?对深圳未来的发展前景是否有信心呢?

1. 46～50岁的中年人最为热爱深圳的工作和生活

如果把在深圳的状态分成生活和工作两个方面来看的话,46～50岁的中年人群对在深圳的生活和工作状态的推荐程度达到了峰值。51岁之后对在深圳的工作和生活状况的推荐程度回落,特别是在生活方面,推荐程度最低。36～40岁人群在生活和就业方面感受到的压力和紧张感相对而言是比较强的,上有老下有小,工作方面也处于碰到瓶颈期的边缘。同样,26～30岁的年轻人的生活压力也不容小觑,刚刚开始在深圳想要站稳脚跟,闯事业的年纪所承担的压力只有自己知道。25岁及以下的年轻人在生活方面还是相对觉得可接受的,但是在就业方面的压力也很大。

从未来在深圳生活的意愿来看,和上文的结论相似,也是46～50岁人群的意愿程度是最高的,基本上是呈现出年龄越大,越想要在深圳继续生活。25岁以下年轻人的不确定性是最强烈的,如何抓住这部分年轻人,让其继续留深发展事关深圳后续驱动力。

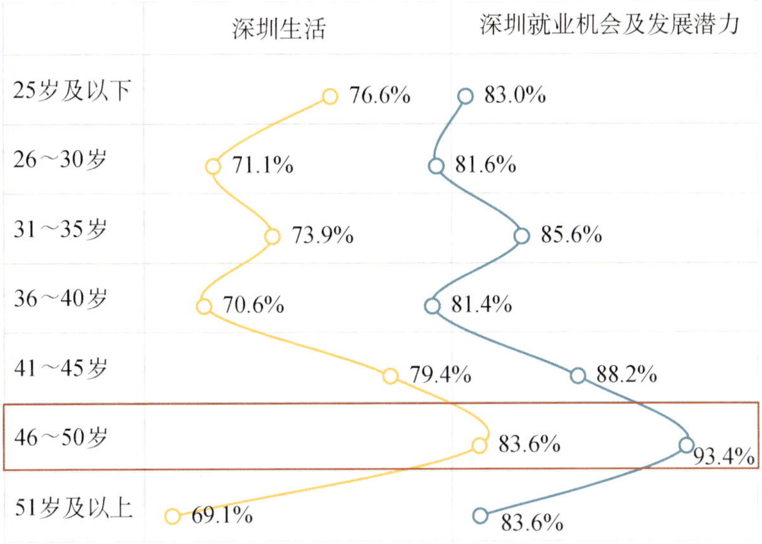

图 2-29　不同年龄段的深圳校友对未来在深圳生活和工作方面的评价

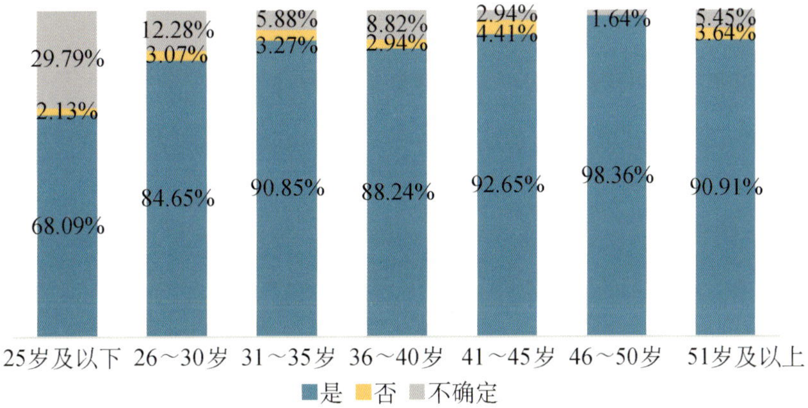

图 2-30　不同年龄段的深圳校友对未来是否生活在深圳的看法

2. 工资收入越高，越认可深圳的发展机会

从收入维度来看，收入和认同深圳就业发展机会的程度几乎是呈线性关系。工资收入越高，越认可深圳的发展机会。有趣的是在生活方面，并不是收入越高，就越认可目前的生活状态。年收入在 10 万元以下的人群对于生活状态的认可度高居第三。年收入在 81 万～100 万元的人群对自己当下的生活是最认可的。超过 100 万元则对生活的认可度有所回落。最为生活挣扎的是年收入在 11 万～

20 万元的人群，比上不足比下有余的状态让这部分人群对生活的状态显得最为焦虑。

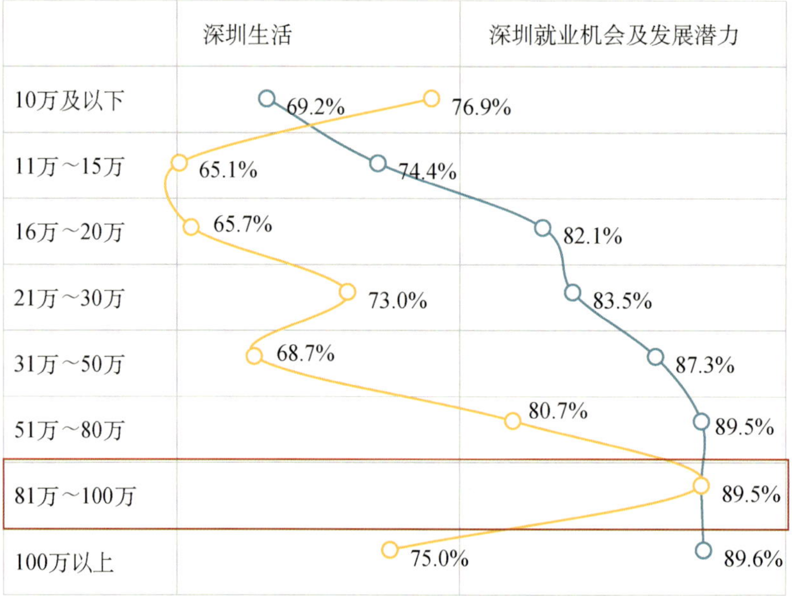

图 2-31　不同收入的深圳校友对未来在深圳生活和工作方面的评价(元)

从未来在深圳生活的意愿来看，几乎是与收入呈线性关系。收入越低，对于未来是否要继续留在深圳发展的态度就越不确定，而高收入人群则愿意继续留在深圳生活和发展。说明在目前这个阶段，大家来深圳发展，更看重的还是在深圳可以有更多的职业发展机会，而不是来深圳享受生活。

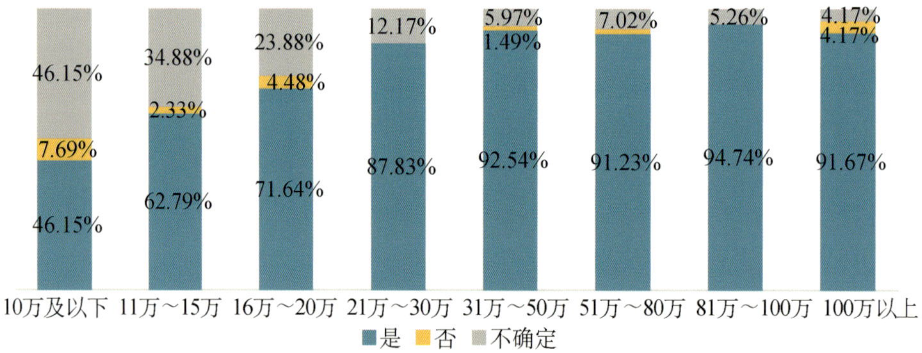

图 2-32　不同收入的深圳校友对未来是否生活在深圳的看法(元)

3. 非传统优势专业的校友对在深圳生活工作的认可度更高

从专业学科维度来看，电子与信息工程、经济与管理、机械与能源工程以及环境科学与工程这四个专业的学生对于在深圳的工作和生活的状态是认可的。而土木工程以及建筑与城市规划等同济的传统优势专业校友对于在深圳工作和生活的认可度并不高。一方面，深圳整个行业发展趋势是往高新技术产业、金融行业等方向发展；另一方面，基本的城市建设的需求量的增幅趋于饱和。某些专业技术的同济学子留在深圳未必需要，对于这一现象，有资深校友也表示学校教育以及传统专业人才更应该结合互联网发展自身专业。有校友说："同济大学的优势专业，是不是可以和互联网相结合""我现在业余会做一些智慧工地的咨询和研究工作""我的公司是把传统工艺＋智能装备＋后续监控系统结合起来，代替了传统的焊接工艺，目前这个行业的春天到来了"。传统行业的优秀校友无论是在从事相关领域的行业研究还是创业阶段，均表示与智能、互联网结合，能让传统优势行业走得更远。

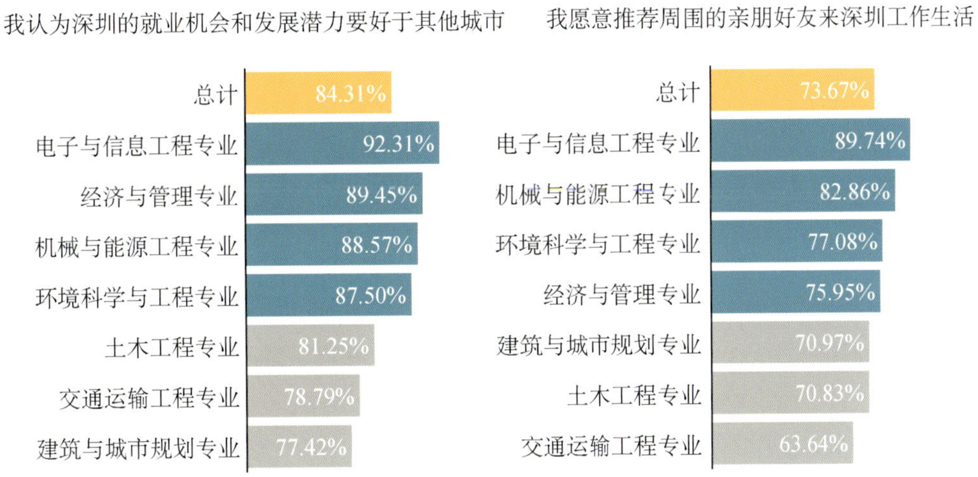

图 2-33　不同专业的深圳校友对未来在深圳生活和工作方面的评价

从未来留深意愿来看，也是电子与信息工程学院和经济与管理学院的校友意愿较高，环境科学与工程以及交通运输工程的校友留下来的意愿相对而言没有那么高。

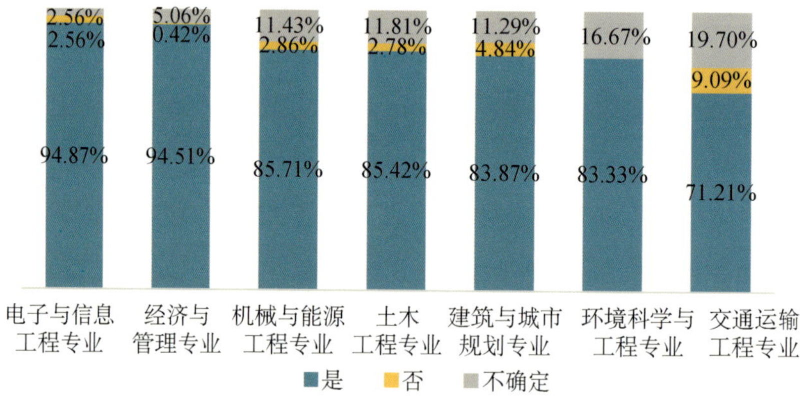

图 2-34　不同专业的深圳校友对未来是否生活在深圳的看法

4. 西北地区的校友未来更愿意留在深圳发展

从地域维度来说，西北地区、华南地区以及东北地区的校友对于在深圳工作的认可度高于平均水平。华中地区、东北地区以及华南地区的校友对于在深圳生活的认可度高于平均水平。总体而言，华南地区以及东北地区比较认可在深圳的工作和生活状态。对于华南地区的同济人而言，同属广东省的广州其实也是一个可以考虑的选择，但他们选择了深圳。也从侧面反映了深圳这几年来发展势头是超过广州的。对于东北地区的同济人而言，不远万里南下深圳来发展也是值得的，在这里他们获得了更好的就业机会以及生活状态。

由于就业机会、生活环境等多方面因素，总体来说，西北地区的同济校友未来更愿意留在深圳发展，其次是华南以及东北地区的校友。

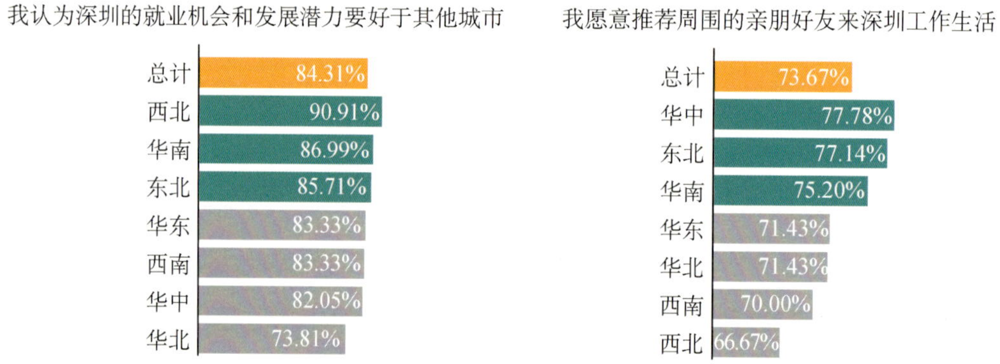

图 2-35　不同地域的深圳校友对未来在深圳生活和工作方面的评价

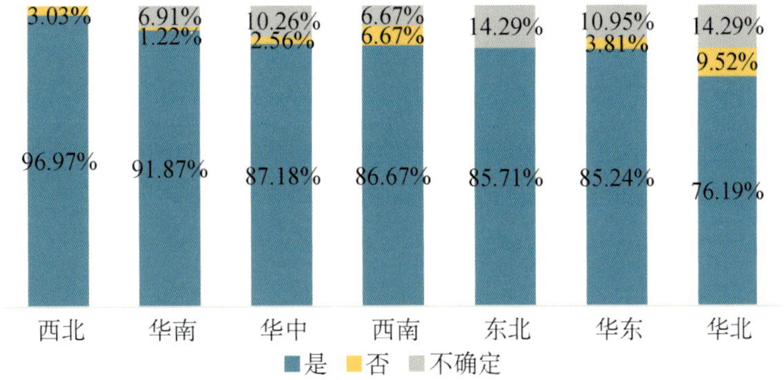

图 2-36 不同地域的深圳校友未来是否继续留在深圳发展

5. 行业发展以及薪资待遇是决定去留深圳的核心要素

从选择职业的态度来看，可以发现行业发展以及薪资待遇是决定同济人是否要继续留在深圳发展的核心要素。而比较犹豫、不确定未来是否想要继续留在深圳发展的人群中，有很大一部分都是更在意自身职业规划的同济人。

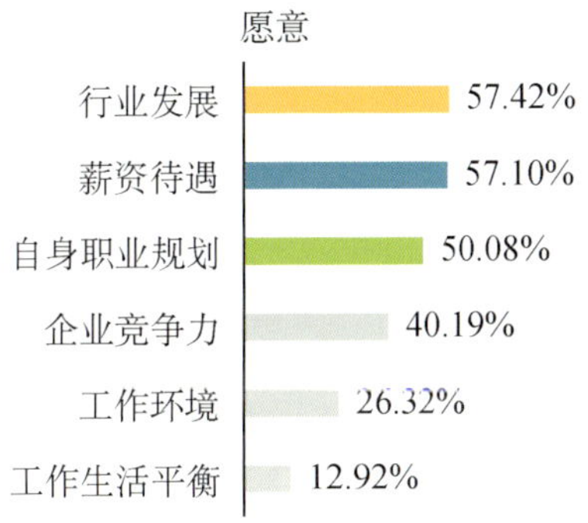

图 2-37 未来愿意继续留在深圳发展的原因

6. 高房价是深圳校友未来继续在深圳发展的最大阻力

对于不愿意继续在深圳发展的人以及是否去留还没有决定的人来说，深圳的高房价是他们继续留在深圳的最大阻力。有六成的深圳校友因为房价的问题而选择想要离开深圳。从北上广的房价以及离开北上广人数的研究中可以发现，一线城市的房价和离开人数基本呈正相关趋势。同样，深圳作为一线城市，想要离开的人也有这样的烦恼。

一线城市飞涨的房价，已经成为人们生活的重担。近几年来，深圳的房价增长速度领跑一线城市，对比这一涨幅，深圳人的工资难以应付这一巨大支出，对于靠自己打拼的工薪阶层来说，想靠自身的力量去拥有一套房子变得越来越沉重。对于年轻一代而言，高房价成为其继续留在深圳发展的最大阻碍。

某白手起家校友："对于周围人，除非自己家境、能力和学校都比较好，本身也愿意去拼搏，否则我不会推荐他们来深圳。毕竟人这一辈子说长不长，在这边生活压力特别大，主要的压力源就是房价，目前的房价对于一个白手起家的年轻人来说挺不容易的。"

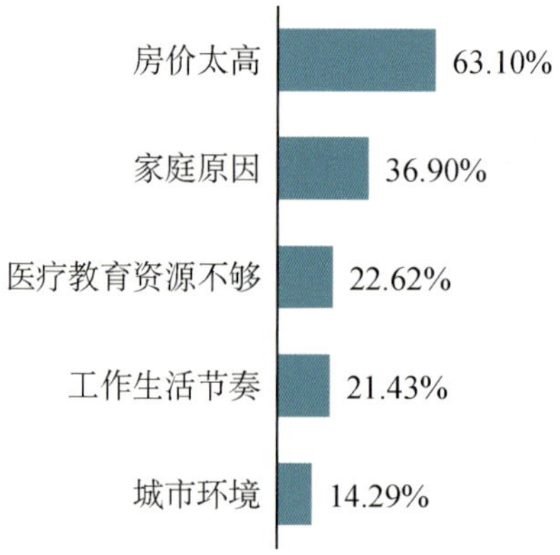

图 2-38　深圳校友不愿意留在深圳发展的主要原因

第三部分
同舟共济

本部分主要介绍在深圳改革开放的历程中，同济人与深圳同舟共济的故事，包括：改革开放 40 多年深圳取得的重大成就，同济人在深圳发展的历程中扮演的重要角色，他们所深耕的行业领域与深圳城市发展息息相关，老一代拓荒牛为深圳城市建设做出重大贡献，新一代生力军在互联网、智能制造等领域贡献着自己的光和热。

一、深圳发展奇迹：从追赶时代，到引领时代

改革开放40多年，深圳在石破天惊中突飞猛进。

1979年，深圳GDP仅1.96亿元，到2017年，深圳GDP达2.24万亿元，年均增速为23%。

图3-1　1979年全国GDP前20名城市和深圳当年GDP(单位：亿元人民币)

1979年，深圳设市，蛇口工业区成立，成为改革开放的急先锋。这一年，深圳的GDP为1.96亿元。作为对比，当年香港GDP为225.3亿美元，折合人民币350亿元，是深圳的178倍。

1990年，深圳第一次进入前20强，排名第15位。

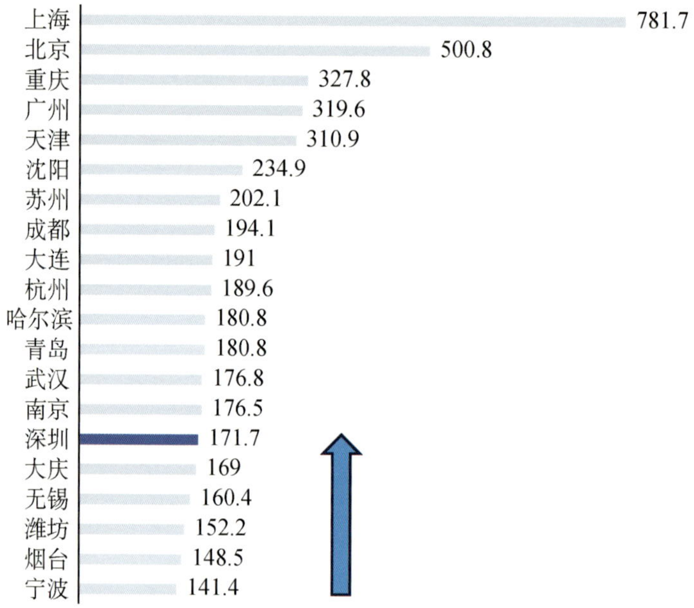

图 3-2 1990 年全国 GDP 前 20 名城市(单位:亿元人民币)

1991 年,深圳 GDP 进入全国前 10 名,此后再也没有掉下来过。同年,广州 GDP 升至全国第 3 名,一直保持了 25 年才被深圳超越。

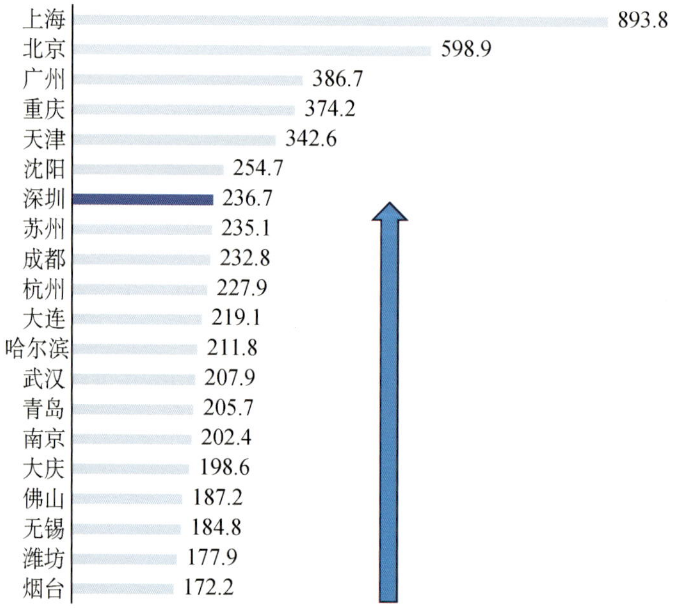

图 3-3 1991 年全国 GDP 前 20 名城市(单位:亿元人民币)

2017年,深圳超越广州,追平香港。改革开放40多年,深圳发生了翻天覆地的变化。

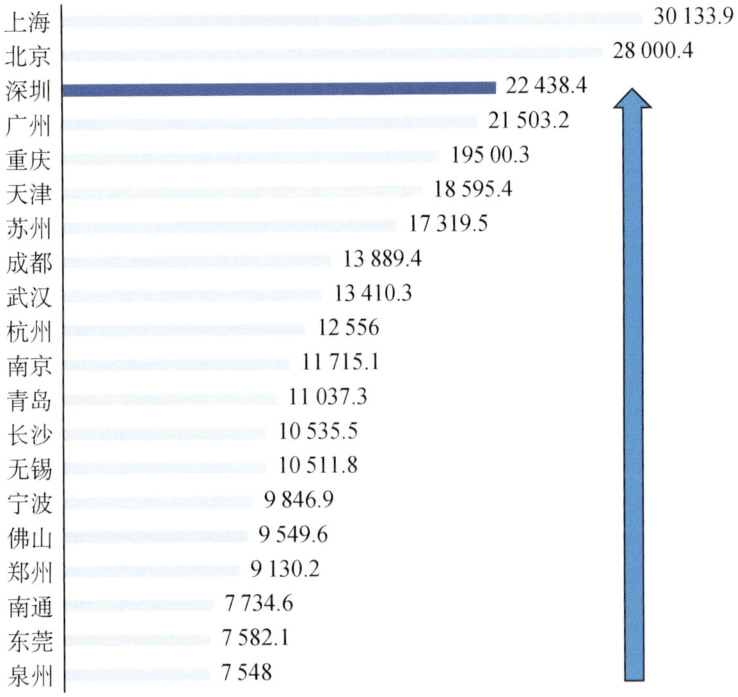

图3-4　2017年全国GDP前20名城市(单位:亿元人民币)

1979年,深圳社会消费品零售总额为1.13亿元,至2017年,这一数字增至6 016.2亿元,年均增长25.3%。

1979年,深圳人口数仅33万,只有几条像样的马路,最高楼只有3层。今天,深圳实际管理人口数超过2 000万,公路里程超过6 000公里,高100米以上的摩天大楼近1 000栋。

1979年,深圳民办企业从零开始,到今天,深圳诞生了华为、招商、平安、腾讯、万科、正威、恒大7家世界500强企业,吸引了200多家世界500强企业前来投资。

深圳,曾经创造了"三天盖一层楼"的发展速度,创造了世界上城市崛起的奇迹。"深圳速度"是改革开放中国建设发展的象征,是一个时代快速发展的符号。发展至今,深圳率先引领、争取主动的改革精神一以贯之:2000年率先从加工贸易向高新技术转型;2008年率先布局生物技术、新能源、互联网等首批战略性新兴产业;

2009 年率先布局新一代存储处理技术、新材料等第二批战略性新兴产业;2013 年率先培育生命健康、可穿戴设备等未来产业……如今,深圳以“平均 1 天 46 件发明专利”的发展率先实现创新驱动,为中国经济转型升级提供模板。

2018 年,在中国改革开放 40 周年的重要节点上,深圳引发世界更大的关注:前海开发开放、全球城市经济竞争力排名第 6、5G 时代来临、全球单体面积最大的深圳国际会展中心建设……如雨后春笋破土拔节,世界似乎能够听到深圳成长的声音。

2017 年,深圳亮出一份创新活力指数单:全社会研发投入占 GDP 比重为 4.13%,接近全球最高的韩国、以色列水平;国家级高新技术企业达 1.12 万家;PCT 国际专利占全国的 43.1%,连续 14 年居全国城市第一位。深圳还蕴藏着一座人才“富矿”,各类人才总量已超过 510 万人,占全市常住人口的 42.9%,平均年龄 32.5 岁。

创新是深圳的品牌,深圳经济主要表现为创新驱动,从观念创新,到制度创新,再到技术创新,新产业、新业态、新模式在这座城市里层出不穷。

目前深圳每千人拥有企业 151 户,创业密度全国第一。常住人口数达 1 252.8 万人,2017 年年增加人口 62 万人,深圳的吸引力在不断增强。未来,深圳将以更加饱满的姿态迎接下一轮改革开放。

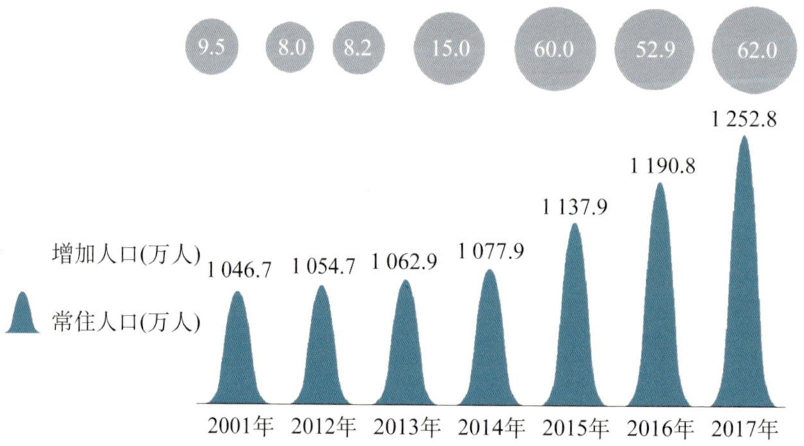

图 3-5 2011—2017 年深圳常住人口以及增长人口

二、行行出状元，校友在不同领域的发展

校友在行业领域和岗位上所取得的成绩，是对同济校友在深圳改革开放40多年历程中所做贡献的展示，是同济影响力的无形延伸，同时对在深校友深耕行业进行研究，可以对同济大学未来在学科设置和课程教学方面做参考。

（一）同济人在深圳扎根的行业

1. 企业类型：扎根民企的比例最高

数据显示，在深圳发展的同济人在民营企业发展的比例最高，超过四成的深圳同济人在民营企业发展，其次有三成的校友在国有企业发展。这与深圳市政府长期坚持以民营经济为主体、以国有企业为保障的产权制度和所有制结构是分不开的。

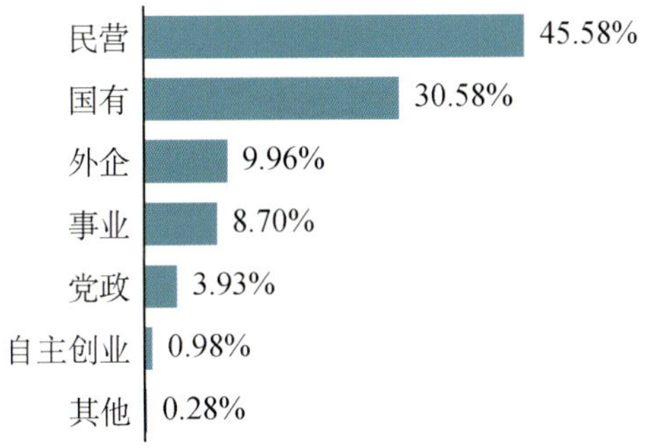

图 3-6 深圳校友从事的企业类型

在深圳，民企有其特殊地位。2017年深圳国家级高科技企业有1.12万家，还有近19万家不同类型、不同规模的科技企业。全年高科技产业增加值7 359亿元，占GDP的32%。在高科技产业的每个行业，包括细分行业，深圳都涌现出了一批领军企业，有些还成为著名的世界级企业，如华为、腾讯、比亚迪、大疆、研祥等。深圳民企发展是中国民企发展的标杆，在建设我国现代化经济体系中发挥着重要作用。

2. 行业类型：从事建筑业的校友最多

从从事的行业来看，深圳校友从事最多的行业是建筑，其次是金融、房地产、制造、信息技术、交通运输以及科研。这七大行业是这次调查中同济人在深圳从事的主要行业。

建筑作为同济大学的优势学科，在深圳最初的城市建设中发挥了重要作用。深圳作为改革开放的前沿阵地，在国内率先开始大修大建，从最初的小渔村发展到今天高楼林立，从最初创造“三天一层楼”的“深圳速度”到今天的过段时间就会发现旁边高楼拔地而起，从最初周围都是泥泞路到现在到处都是CBD，所有这些离不开历代建筑人的贡献。建筑作为城市基础设施，在持续平稳发展。现代金融持续发展，政府鼓励引导金融机构支持未来产业发展，金融成为深圳未来发展、产业升级不可或缺的行业。房地产作为热门行业，也吸引了同济人的到来，加上同济特色的土木专业和建筑专业都和房地产息息相关。

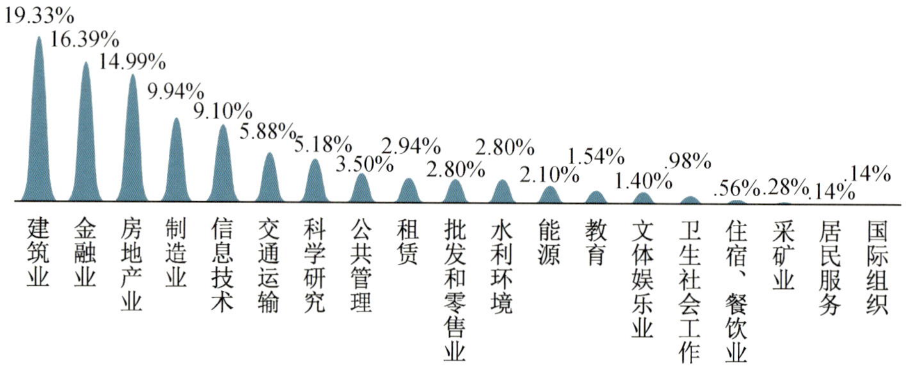

图3-7 深圳校友从事的行业类型

3. 人才流动：建筑行业的流动性较低

通过分析人才的流动趋势，也可以从侧面反映出行业的发展情况。人才流动的主要原因是个人职业发展发生了变化以及企业发展前景变得不明朗，开始为自己另谋出路。在这样的选择之下，人才流动的方向可以部分地显示目前行业发展的主流动向。

通过比对曾经从事过的行业以及目前正在从事的行业可以发现，建筑、金融以

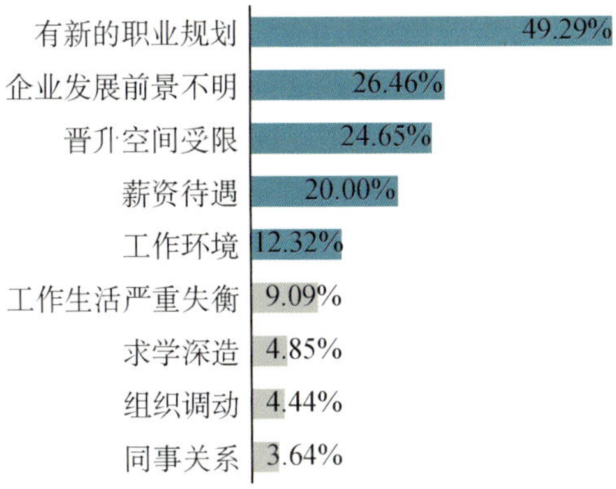

图 3-8　深圳校友最近一次更换工作的原因

及房地产行业的流动性相对较低，反过来说，也就是稳定性比较好，保持了一定量的人才持续不断地在这些行业里面发展。相对而言，制造业的人员流出性更大一些，这也与深圳最近几年的产业结构调整有关系，最初靠“三来一补”发展起来的制造业逐步在向智能制造等领域发展，所以这部分群体也开始流出旧有行业。信息技术人才在各地的流动性均较高，从进入相关行业到现在，有一半以上的校友有更换工作行业的经历。

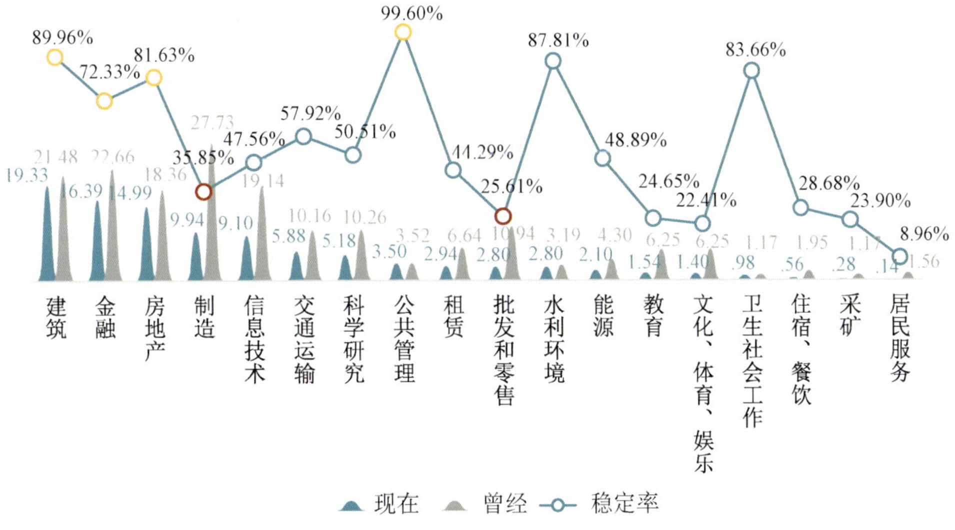

图 3-9　深圳校友曾经从事/正在从事的行业分布以及行业流动率

根据不同行业的跳槽频率可以发现，有两类行业。一类是稳定型行业，一类是活跃型行业。首先，有四个行业是相对稳定的，也就是几乎没有人跳槽，或流动的比例比较小,主要包括科学研究、交通运输、建筑以及房地产。有67%的科研工作者从未有过跳槽经历,可见在深发展的同济科研人员通常不会更换工作,更少有人转换行业。一方面,得益于同济大学求真务实的教育风范,另一方面,深圳对科研人员的重视也鼓励了这部分科研人员能深耕本行业、本单位。交通运输、建筑以及房地产是同济核心专业最为对口的行业,同济大学给予的专业素养及平台,使得这部分群体的稳定性也相对较高。

有三个行业属于活跃性行业,主要包括信息技术、制造以及金融。这三个行业在北上广这三座一线城市的离职率也相对较高。这些行业的特点是发展前景佳、机会多、行业更有活力,这也就变相带动了这部分群体相对较高的离职率。在深圳校友中,这三个行业的从业者起码有三成曾跳槽3~4次。

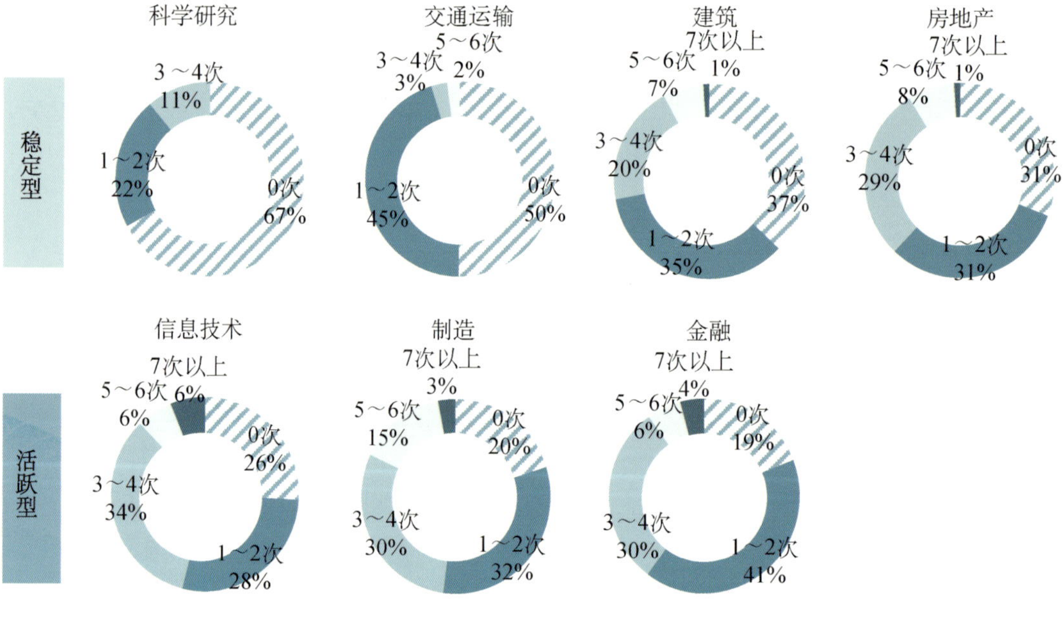

图3-10 深圳校友曾经从事的部门行业跳槽次数

4. 行业变化趋势:房地产和信息技术行业人才吸纳势头较好

通过比较不同时期来深圳的校友目前所从事的行业,制造业现阶段吸纳的人才不如10年以前,但和往年相比略有回升。来深圳2～10年的校友更多地愿意扎根金融业,而近两年内去深圳发展的校友入职金融行业的比例有所回落,这和目前全球的经济局势息息相关。

整体吸纳人才增长势头较猛的行业是房地产以及信息技术行业。房地产在近两年为深圳吸纳了大量的人才。信息技术在近两年的发展势头也很强劲，吸引了很多同济人来深圳从事相关工作。

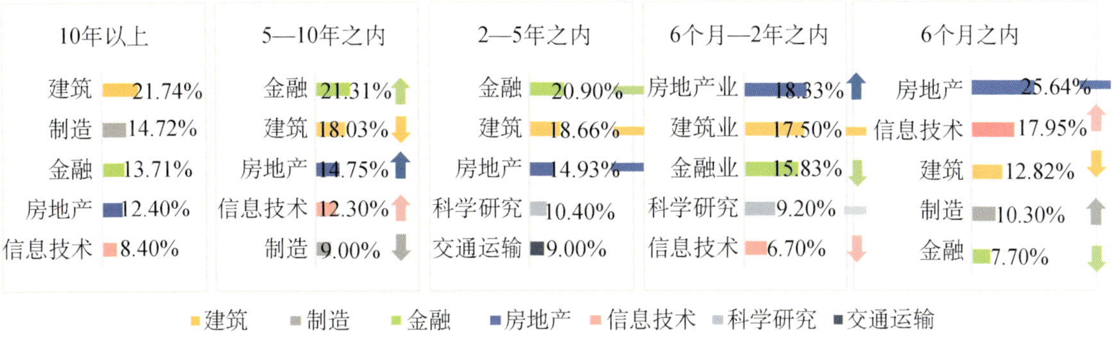

图 3-11　不同时期来深圳的校友所从事的行业

而这些行业变化趋势也可以在当初同济学子选择专业的时候得到一些回应。土木工程以及建筑与城市规划专业的学子总量是大的，但近年来学子数量小幅减少，而经济管理学院的学生数量近年来是持续增长的。

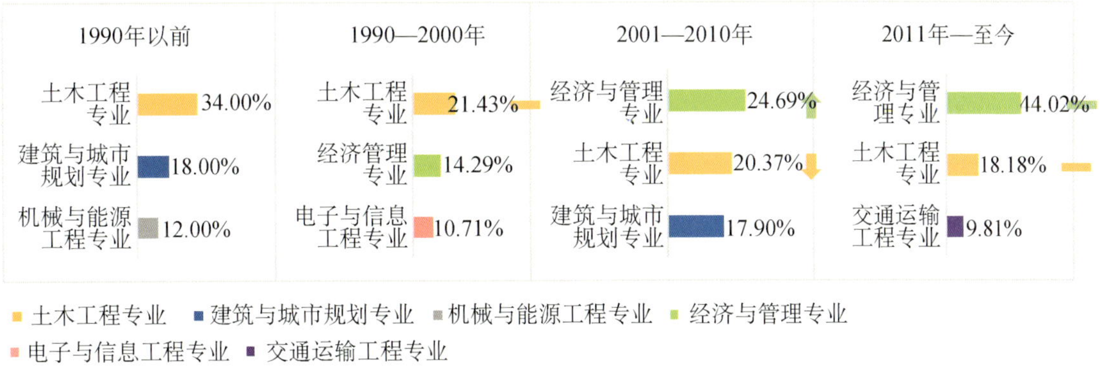

图 3-12　深圳校友不同时期所学的热门专业

（二）同济人对深圳行业发展的信心指数

深圳校友对所处行业未来发展前景较有信心，但是对行业现状满意度不高。同时对自己目前所从事行业的推荐指数相对最低。

1. 行业维度:信息技术行业对深圳工作生活的信心最高

首先,从行业维度来看,信息技术行业无论是对行业目前发展,还是对于未来前景看好方面的信心指数都是最高的。建筑行业的工作者对行业目前发展现状比较没有什么信心,但未来的看好指数稍微高一些。对于行业的未来发展,科研工作者的信心相对较低。

最愿意子女或亲属来自己目前从事的行业发展的是金融业。每个行业都有着自己的酸甜苦辣,愿意推荐至亲进入自己所从事的行业,说明了该行业带来的整体获得感较高,获得和付出得到了某种程度的平衡。但总体而言,愿意推荐子女继续在深圳发展本行业的信心指数要远远小于自己对在深圳本行业发展的信心。可以说明自己吃苦打拼事业也就算了,但都希望子女未来从事的行业可以更加轻松舒适。这或许也是这一代人这么拼命奋斗的原因。

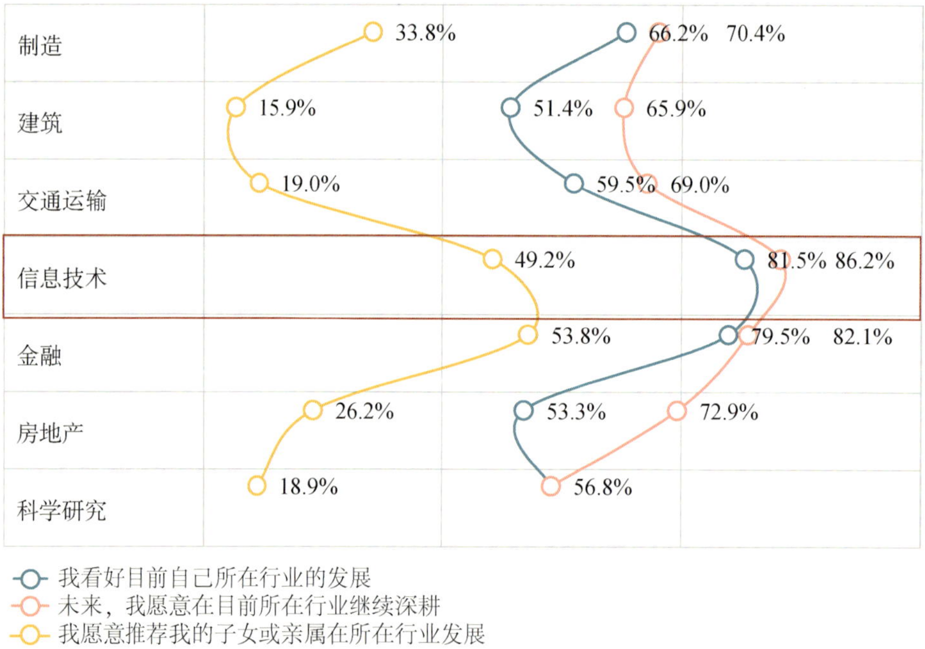

图 3-13　不同行业的深圳校友对未来在深圳生活和工作的信心指数

2. 年龄维度:整体上年龄越大信心越足,41～45 岁最看好深圳的未来发展

从年龄维度来看,41～45 岁的中年群体最看好行业目前和未来的发展前景,这个

年龄阶段的群体通常是公司的中流砥柱，他们见证过 21 世纪以来深圳翻天覆地的发展，同时人生阅历和接触的信息助力他们看事情更多面化，因此对行业及未来生活的整体把握感也更强一些。相对而言，25 岁以下的年轻人群则对于现状和未来的信心都还处于一个逐步建立的过程。

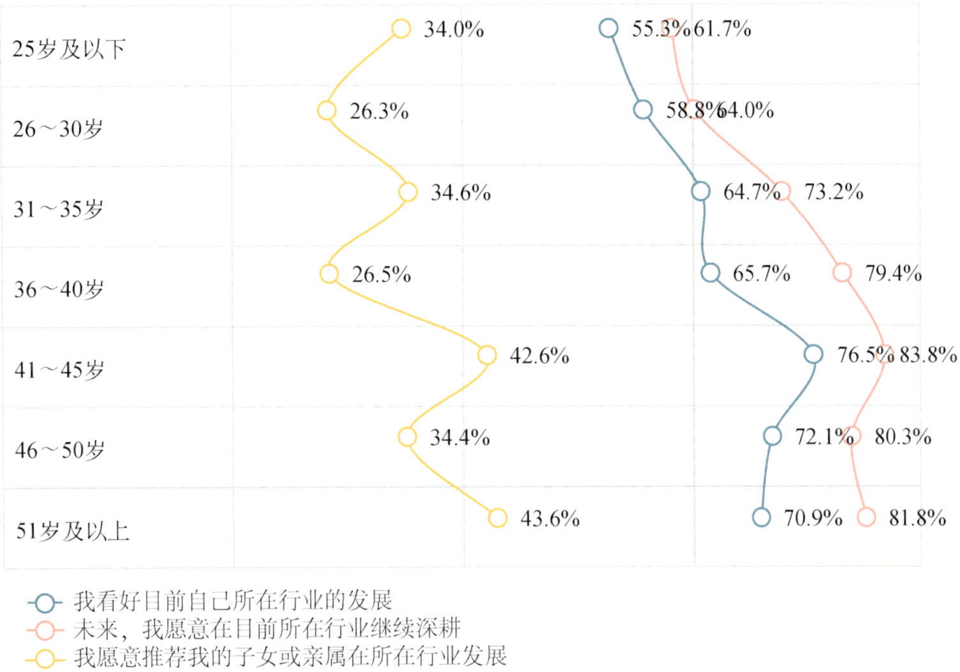

图 3-14　不同年龄段的深圳校友对未来在深圳生活和工作的信心指数

3. 收入维度：收入越高，对深圳未来发展的信心越高

从收入维度来看，整体来说，年收入越高，无论是对目前现状还是对未来发展的信心均高于收入较低的群体，尤其是关于未来发展的信心，收入与其正相关。对于年收入低于 10 万元的这部分群体来说，他们大多是刚进入这个行业，对行业现状还处于好奇和懵懂状态，因此对目前现状的满意度指数要高于对未来发展的信心。对于这部分群体，校友会可发挥更好的资源链接作用，邀请行业内的资深校友对刚入行的校友进行职业指导和生涯管理，资深校友也表示非常乐意指导行业新人的发展，同时提出，“帮他们指导肯定是没有问题的，可是有时候我们不知道他们需要什么，我们的经验他们这些 90 后、00 后未必听得开心，我们也特别想知道他们到底需

要什么,这样帮助也更有针对性”、“甚至是不是可以像大学一样有个导师制,我们一个人带几个新人,一对一帮助更有效果吧”。

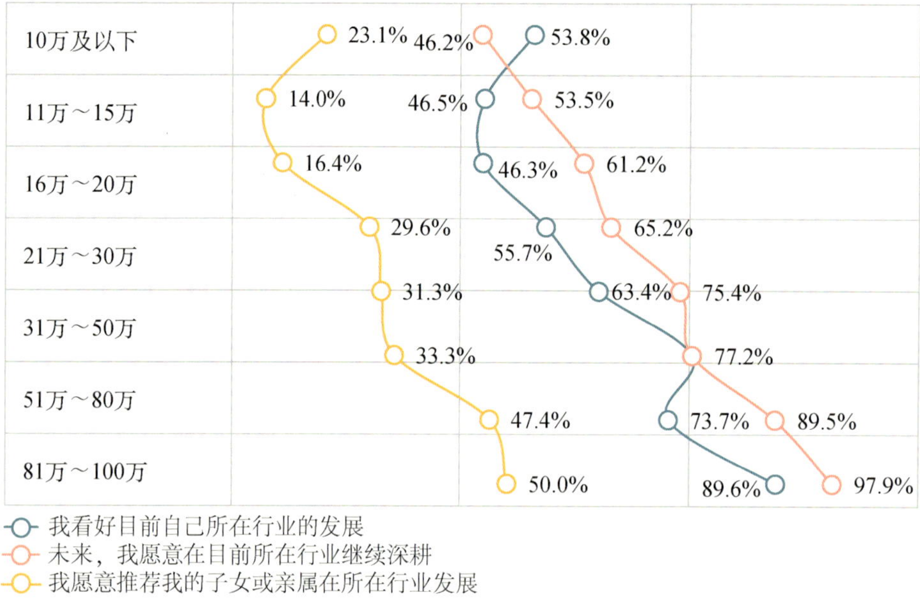

图 3-15　不同收入的深圳校友对未来在深圳生活和工作的信心指数

父女同行的佳话。从总体来看,希望下一代从事自己正在从事行业的校友比例不高,但从个案来看,还是有一些父辈和下一辈从事同一个行业的佳话的。可以看到,行业的经验和骄傲从上一代延续到了下一代。

某资深校友:“一日为师,终生为父。同济大学让我学到了很多东西,更让我学会了知恩图报。我除了将毕生精力服务社会以外,会把自己在同济大学所学的东西及所积累的经验,尽可能地传授给学子们。在我的影响下,女儿也保送到杨东援教授的名下攻读博士学位,2015 年年底完成了同济大学与美国加州大学伯克利分校联合培养博士的毕业答辩,并将于 2016 年 12 月启程,赴美国麻省理工开启 5 年博士后研究生涯。”

三、舍我其谁的信念、勇当尖兵的决心

不同年代的深圳同济人为深圳的城市建设贡献着力量，他们凭借同济人特有的务实、严谨、实干精神和敢闯敢干、敢为人先的“深圳精神”，将个人发展与城市建设紧密关联，始终站在改革开放最前沿。

细数从改革开放到现在，同济校友在行业领域所做出的杰出贡献跟时代发展紧密相关。

(一) 老一代的拓荒牛

20世纪七八十年代，老一代拓荒牛敢闯敢干，敢为人先，一头扎进深圳的改革浪潮中，埋头苦干。深圳市联合设计公司、深圳市城市规划建设院的组建离不开同济校友；深南大道、深圳国际贸易中心大厦、世界之窗以及深圳机场等这些深圳地标式的建筑都经过了深圳校友之手。

黄思勤，1962年从同济大学工业与民用建筑专业毕业，被分配到北京一机部第八设计院，从此就把整个生命与设计事业捆绑到了一起。他1980年来深圳考察，被深圳到处热火朝天搞建设的氛围所吸引，当即决定组织人员在深圳驻扎，并带着机械部60多名设计人员来到深圳，最终带动国内其他设计院南下深圳发展，由此牵头成立深圳市联合设计公司。该公司的成立称得上深圳发展史的标志性事件。此后紧锣密鼓地加入深圳城市建设工作：罗湖区和上步区的规划和市政配套、金城大厦、友谊大厦、德兴大厦、联成大厦……联合设计公司为深圳市建设迈开了第一步，从此使深圳市的设计市场空前活跃，形成了百舸争流的生动局面。

顾汇达，1965年毕业于同济大学城市建设专业。1968年被分配到安徽宿迁县基建局系统做技术工作，1984年调入深圳市建筑设计院工作，1990年受命组建深圳市城市规划建设院，之后一直在深规院干到退休。在组织深规院工作期间，深规院从建院时的14人增加至150多人，全院总收入从67万元增长至

4 800万元,影响力从深圳走向全国。1999年,深规院编制的《深圳市城市总体规划(1996—2010)》获国际建协"城市规划荣誉提名奖——阿伯克隆比奖",成为亚洲地区第一例获此殊荣的规划项目,次年又荣获建设部一等奖和国家勘察设计行业首届"国家级优秀规划设计金奖",标志着深规院从此攀上了一个学术高地。

蔡明,1978年进入同济大学路桥系道路专业学习。从深圳道路公司、政府部门到深圳市政设计院,在深圳市市政工程设计院先后担任室主任、总工程师、副院长,是深南大道的设计者。深南大道是深圳最具象征意义的一条道路,曾有"中国第一大道"之称,是文明深圳乃至全国的景观型交通干线,其引入的两个前瞻性设计理念对全国产生深远的影响,现在全国很多地方也借鉴这种设计理念。

刘胤华,1978年进入同济大学就读给水排水专业,同济大学环境工程硕士、博士,深圳前海开发投资控股有限公司董事长。他曾参与的项目在20世纪80年代创造了"深圳速度",所承包的深圳国际贸易中心大厦被誉为神州第一楼并创造了"三天一层楼"的奇迹。1988年博士毕业后,毫不犹豫选择了深圳,此后从环境工程的博士到设计院的工程师再到专业房地产公司的高管,这之间的转换无不是对社会大环境所做出的适应和抉择。

陈剑,1980年考入同济大学建筑系。曾任华侨城集团副总裁,同时兼任深圳市城市规划委员会委员、深圳房地产协会副会长、何香凝美术馆副馆长等。1993年,陈剑来到深圳发展,参与了深圳"世界之窗"的建设工作,具体负责该项目的筹建、规划和设计工作。从此,他带领着华侨城集团一路向前。

王岳明,1986年进入同济大学岩土工程专业学习,1991年在深圳市勘察研究院工作,曾参与过福田保税区、人民大厦、深圳机场等项目的地基基础工作。5年后,在深圳市地质局的工程公司做工程部经理,负责从承接项目到施工再到移交项目全过程管理工作。他最被人乐道的是带领团队做的深圳地铁第一个试验段——水晶岛试验段,如今叫做"市民中心地铁站"的17米深基坑设计施工。在2002年成立深圳市万科德投资发展有限公司,从事多元投资加实业的业务,涉足绿色建筑、环保、通信、餐饮等各行各业,目前创办了"互联网+"的共享汽车企业(深圳市联程共享电动汽车租赁有限公司)。尽管如今所从事的工作与大学所学专业相关性不大，但是大学四年的学习，培养了他严谨、踏实、能吃苦、讲信用、喜欢挑战、创新等品质，并进一步形成了他的价值观和知识结构。在忙碌自己的公司以外，还不忘回馈社会，承担了同济校友会、苏州政协和香港江苏社团等社会职务，尤其是长期负责深圳校友会的组织和管理工作。

（二）新一代的生力军

时光流转，新一代的同济校友继续为深圳发展贡献出自己的力量。与老一辈的拓荒牛所不同的是，新一代的生力军开拓了更多的行业。结合时代的发展，在互联网、金融、智能制造等行业披荆斩棘，挥洒着年轻人的热血和青春。

薛跃荣，35岁，2009年入学，就读MBA，硕士研究生毕业，2005年来到深圳。现任北京千丁互联有限公司物联网事业部总经理，负责从产品研发到生产销售的公司整体运营工作。长期从事智能硬件、物联网、智能机器人等相关领域的创新和创业。多年手机研发领域的经验，为悍马汽车(Hummer)、瑞士手表豪雅(TAG Heuer)设计研发的手机先后入选全球前10名奢侈手机，为飞利浦研发多款畅销手机。作为诺基亚研究院硬件负责人，带领团队在全球范围内率先在智能机器人和可穿戴设备等领域进行技术创新。加入千丁后，率领团队积极推动AI+IOT等尖端科技在智慧社区中的应用。千丁作为智慧社区行业的领导者，公司目前规模五百多人，全国布局8家分公司，已经与全国1 500家地产物业公司进行合作，覆盖超9 000家小区，服务的物理面积涵盖12亿平方米，规模位列行业第一。

王骏，28岁，现任深圳市创梦天地科技有限公司产品总监。2011年从同济大学土木工程本科毕业，2013年来到深圳发展，并没有从事和专业相关的领域，而是开始投身互联网公司。曾在腾讯就职，后毅然决然开始了互联网创业之旅，结合自身的兴趣爱好——足球，开始了和足球高度相关的创业项目。他认为深圳很有创业的气氛，能和志同道合的人一起共同奋斗。

成语谋，28岁，2013年毕业于同济大学金融学专业，2014年加入中国国际金融股份有限公司(CACC)，从事股权退出、衍生品交易等方面工作，累计执行股权退出交易超过500亿元。2018年加入欢瑞世纪联合股份有限公司，担任总裁助理兼战略发展部总监,负责上市公司战略研究、资本运作及投资者关系等方面工作。在校期间创办了ICA(投行与咨询协会),那时候同济的经管学院没什么学习气氛,学生总觉得本专业在同济不够优势,他在此时创办了ICA协会,一个是前后辈之间一些经验分享,二是同辈人之间相互分享。他把同济里面最想在金融、咨询里面往前走的人筛出来,然后跟这些人在一起,共同成长。

方丹青,30岁,2009年毕业于建筑与城市规划学院,景观专业本科。2011年来到深圳,并攻读北京大学博士学位。在求学期间,紧跟时代发展踏上了创投行业的浪潮,从最初的投资公司实习生起步,凭借扎实的工作成绩和无畏的创新精神升任公司董事总经理,后作为联合创始人加入常锋无人机项目,其首创全球第一架油动直驱多旋翼无人机——“天马”,并已成功应用于农田植保、运输救援及物理勘探等行业领域,目前在果树植保领域市场占有率第一。她认为跨专业跨行业的事情既是挑战,也是充满乐趣的,在创投行业,跨专业的学科背景可以塑造独特的认知方式和多元的认知视角,要敢于把自己觉得有意思的事变成职业,从而推动社会的发展。

四、深化改革再出发,校友眼中的行业趋势

“我国改革已经进入攻坚期和深水区”,“敢于啃硬骨头,敢于涉险滩”……在这片改革开放的前沿阵地,习近平总书记向世人宣示了改革不停顿、开放不止步的坚定信念。站在新时代新起点,习近平总书记明确提出:“以更宽广的视野、更高的目标要求、更有力的举措推动全面开放,加快发展更高层次的开放型经济。”

40年深圳改革故事,说明抓住创新发展就能占领发展先机,说明人才是第一资源,也是核心竞争力。未来的深圳必将努力走出一条不同寻常的创新发展之路,高附加值、绿色、低能耗已成为产业筛选和行业拓展的关键词。深圳,从早期的“拓荒牛”到如今的“生力军”,一代人有一代人的使命,一代人有一代人的奋斗,“来了就是深圳人”,每一代同济人都在书写深圳改革开放的华章。关于未来深圳各行各业的发展趋势,深耕于此的深圳校友也有自己的看法,仅表达校友个人观点,以协助未来的同济人少走一些弯路。

（一）私募股权投资行业未来趋势

某从事金融行业校友：“整个行业还是一个成长性的，但另一方面它又是一个红海，原因在于国内做这个行业的至少有几万家，资金有几万亿元，整体良莠不齐。现在已经过了造富神话的时代了。早期是因为那个时候全是果子，那个时候这个市场毕竟进来的人少，大家都摘果子了，现在果子摘得差不多了，大家变成种树，所以未来存在一个洗牌的过程。未来如果没有一些自己的资源，没有自己的核心竞争力的这种 VC、PE 会大量倒闭，这个现象这两年已经很明显了，资产新规出来以后，整个资金端偏紧，造成募资很困难，再加上前几年也是一个投资期，很多基金到了退出期了，它退出的成绩不是特好的话，很多 LP 就不会再继续往下走了。未来风险越来越高，人民币投资这一块是从 2008 年左右开始兴旺起来的，到现在正好十年，所以基本上很多基金开始到期了，第一部分投资甚至第二波，这个时候慢慢退出去了，很多成绩就在这个时候体现了。”

（二）房地产行业未来趋势

就在深圳的校友来说，想要发展还是有很多资源的，包括各方面的人力资源。

某从事房产行业校友：“在房地产行业包括相关的这些政府部门，同济的校友都是非常多，资源也非常好，如果大家来深圳发展肯定是有很多资源都能用得上的，比如说我之前是和师兄，我们两家公司之前是有过合作的，这些资源都能用得上，所以资源方面还是很多的。”

在房地产蒸蒸日上的同时，对于人才的要求也是越来越高，需求也逐渐趋于饱和。

某从事房产行业校友：“从整个房地产行业来说，就我经历的这两年，我感觉对人才的要求是越来越高，因为在我来之前，也有一些师兄是在房地产行业，那个时候他们不需要 211、不需要 985，现在进入房地产行业的基本要求，都需要 211、985 的硕士了，这就体现了这个行业对人力资源方面的要求非常高了，而且现在整个行业景气程度没有那么高的情况下，对人员的筛选，可能更严格、更谨慎，可能它的需求度也不那么大。”

就房地产本身的行业发展而言，校友们也给出了很实际的策略。

某从事房产行业校友："目前房地产已经进入下半场，对深圳整个房地产市场来说，它可能会属于大鱼吃小鱼这样一个状态，就是越大的企业可能优势会越集中，可能小企业，它的融资越来越难，而大企业，包括整个品牌价值，可能也会发挥更大的作用。

"对于中小型房企，从自身来说，为自己的公司选择了两条腿走路的方式。一方面，在城市中心做精品住宅项目。原因一是风险比较小，二是周边的配套、商业、教育、医疗、交通都很齐全，就有条件把项目本身做得更好，从而打造城市精品。房地产行业的规律就是房价如果要跌先从周边跌，如果要涨就从中心先涨，实力大的企业可以在周边获得大块地开发，而作为中小企业则没有这样的精力和资源。另一方面，拓展仓储物流地产等项目。目前发展最快的就是电商，而电商需要仓储物流这样的地产项目，目前已经和亚马逊达成合约，京东、唯品会等电商也是发展机会点。

"房地产行业的发展跟政策相关度极高，因此校友进入这个行业需要谨慎，考虑清楚这一点。同时，未来的房地产、建筑行业将会与智能等挂钩，智慧工地、智能建造这些都是可能的发展方向，因此如果想进入这行，也要提前做好相关基础知识储备。"

（三）互联网行业未来趋势

某从事互联网行业校友："互联网公司开始逐步涉及硬件设备领域。其主营业务仍旧是软件服务，只是将硬件设备作为自己软件服务的落地点，将其软性服务搭载在硬件上，以进一步完善整个服务，或者说形成一条生态链，以推广它的一些软件业务，以此形成良性循环。这个趋势开始更加明显。如小米的产品、滴滴的地图。个人非常看好 IOT 这个行业的未来发展。

"目前智能硬件整个行业还属于幼儿期，还远远达不到智能（只是一个无线或者语音控制），目前所提供的智能其实并不智能，只是一种尝试，代表的是未来的一个发展方向。但是这种摸索阶段是必不可少的。当这种技术成熟以后，未来是可以带来很多改变的。比如车联网，当自动驾驶技术成熟以后，未来人们的出行方式和用车习惯将会发生大改变，可能买车的人越来越少，用车可能和现在的共享单车一样便捷。”

（四）大健康行业未来趋势

现代人越来越注重自身的健康和养生，这样的发展势头部分校友相信在短期内不会发生大的变化。大健康作为一个新兴产业，是一个很理想的选择。

某从事大健康行业校友："大健康是一个非常好的方向，国家把 2030 年作为大健康的一个战略年。我相信有两个因素：第一，我们人口基数很大，不用说老龄化这一块，目前 60 岁以上人口的大概 2.5 亿人，有相当比例的老年人有慢性病。第二个是慢病发病率越来越年轻化，两方面的因素赋予整个行业未来一定是有强大空间的。”

第四部分
心系母校

本部分主要介绍校友对母校同济大学的印象以及对母校未来发展的建议。包括:毕业多年后深圳校友所留下的同济印象;结合行业发展趋势以及深圳校友自身发展路径,对同济大学、年轻校友及校友会发展的建议。

一、印象同济

（一）“同舟共济”的烙印

“同心同德同舟楫，济人济事济天下”。同济大学以“同舟共济”为校训，在历次院系调整和学科重组的过程中，始终秉承“与祖国同行，以科教济世”的优良传统。

关于校友对同济印象的研究结果，充分印证了校训对每一名同济人影响之深远。深圳校友对同济大学最深刻的印记莫过于“同舟共济”的校训，同时校友也希望这一校训能继续深入每一个来深圳发展的同济人内心，经历多年的工作和生活磨砺，校友对校训有自己更为朴实的解释：

某校友：“我们的校训就是同舟共济，什么意思，简单来说就是你有困难找校友，但是校友有困难的时候大家也要齐心协力，这个应该要根植到每一个同济人的心里。”

其次，同济大学务实的学风和工作风格，对于校友在未来生活和工作中具有重要的指导意义。

某校友：“非常务实，非常踏实，做得多说得少。而且这也是同济一以贯之的传统和品牌印记。”“知识面广、容纳性强是同济人的共性，也是各行各业认同的同济要素，同济烙印最明显的表现是求真务实、兢兢业业。”“给我印象最深刻的是同济的教学，把教学和实践紧密结合，毕业出来的人基本功很扎实。”“同济大学求真务实、朴实无华的严谨校风以及同舟共济的精神都深刻影响着我，我的事业基础也是在同济大学打下的。”

此外，同济大学的传统优势学科，如建筑、土木，给校友留下了深刻的印象。

某校友：“要说现在我毕业这么久，对同济的印象就是土木、建筑和交通吧，在我看来，感觉提起同济就相当于提起这三个专业，同时在行业内提起这三个专业，大家会默认这就是同济的王牌专业，几乎二者是画等号的，对于我们这群上世纪入学的人来说，这三个专业就是同济大学的名片”。

图 4-1　同济印象的关键词

除了学习方面，同济生活方面同学们也是历历在目。同济食堂在上海高校中赫赫有名，号称“吃在同济”。同济的大排、红烧肉等菜品让毕业多年的校友念念不忘。

总体而言，同济的品牌形象已经深入人心，而身为校友，并不满足于此，希望母校可以影响更多的人，因而对自己的母校提出了更高的要求。一些校友认为与清华北大相比，同济品牌的第一提及率还不够。

> 某校友：“我入校的时候是 1996 年，个人感觉当时同济还没有形成自己的文化体系和风骨，学校底蕴不够，品牌效应不足，与清华、北大、复旦这样的王牌院校相比，先天底蕴不足、第一提及不够，造成学生进去以后先天烙印不足，对学校和集体的归属感不强。”

打造一流的学校品牌是一个长期的过程，需要学校和同济人的共同努力，离不开学校对于品牌的推广，也离不开历届师生的“传帮带”。希冀在未来，同济可以不断打造学校烙印，不断提升学校品牌认知度。

（二）“同济大学”推荐率

NPS净推荐值，即Net Promoter Score模型，是用来衡量受众忠诚度的一种方式。通过请受众针对某一种品牌的推荐意愿进行打分，将用户分为“贬损”“被动”“推荐”三类，其中“贬损用户”和“推荐用户”是会对品牌的口碑产生实际影响的群体。这两者在被测受众总数中所占百分比之差，即NPS值。

深圳校友对母校的总体推荐积极性有待提高，其净推荐率为29.27%，以一般的行业标准来看，净推荐率在50%算是相对较好的评价。这个结果一方面是由于国人的打分习惯造成，不太习惯打高分值，例如9～10分。另一方面，父母总是希望子女可以比自己更好，因此可能会推荐子女就读其他院校。具体来看，44.40%的校友对同济大学的推荐积极性高，属于主动创造口碑的类型，推荐的原因不必多说，同济的品牌影响力、在全国数一数二的专业能力以及在母校留下的深深情怀，使得四成同济人愿意推荐其他人加入同济大家庭。此外40.48%的校友属于被动推荐型，意味着这部分校友总体满意但并不狂热，他们会考虑其他选择。这部分人占到了四成，并不是小众。同济如何凝聚这部分校友的人心是提升推荐率的关键。

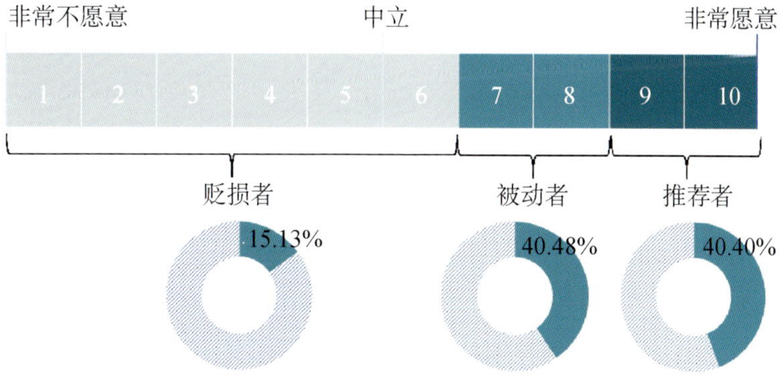

图4-2 深圳校友对同济大学的推荐模型

部分深圳校友不推荐亲友来同济读书的原因主要集中在：

(1) 期待子女未来能在国外求学。能考上同济的学子从本身的学术能力来讲是很强的，再加上在深圳的生活所形成的眼界比较开阔，这就形成了深圳校友重视教育质量、放眼全球的思考视角。同济人已经享受了国内较优秀的教育资源，他们在面对子女教育的时候，理所当然希望下一代可以获得比他们更好的教育体制以及教育资源。于是，去国外念书就成为一种选择。并且，由于深圳的地理位置和政策，去国外念书的方式也更加便捷。某校友："国内大学感觉有各种问题，所以要去国外学习。""这边的话去国外读书更方便点。"

(2) 尊重子女个人意愿。每个孩子的兴趣不同，未来想要从事的行业也不尽和上一代一样。从目前而言，虽然同济是一个综合性大学，但优势还是相对集中在传统的优势学科上，例如建筑、土木。而这些领域未必是未来子女有意向的方向。子女未来有自己的想法，不能决定他们想要的人生。某校友："出于专业上的考虑。""需要尊重孩子个人的兴趣爱好。"

作为家长，对于子女教育的期待都希望是接受更好的教育。同济人推荐同济，希望不仅仅是因为情怀，更是因为同济足够优秀，足够比肩世界级的一流大学，足够让子女们获得更好的教育。

1. 时间维度：刚毕业的"小鲜肉"对同济的推荐度较高

从时间维度来看，在深圳居住时间较长的校友，对母校的推荐度要低于在深圳居住时间在两年内的校友。具体以毕业的时间节点来看，毕业年限在 20 年以

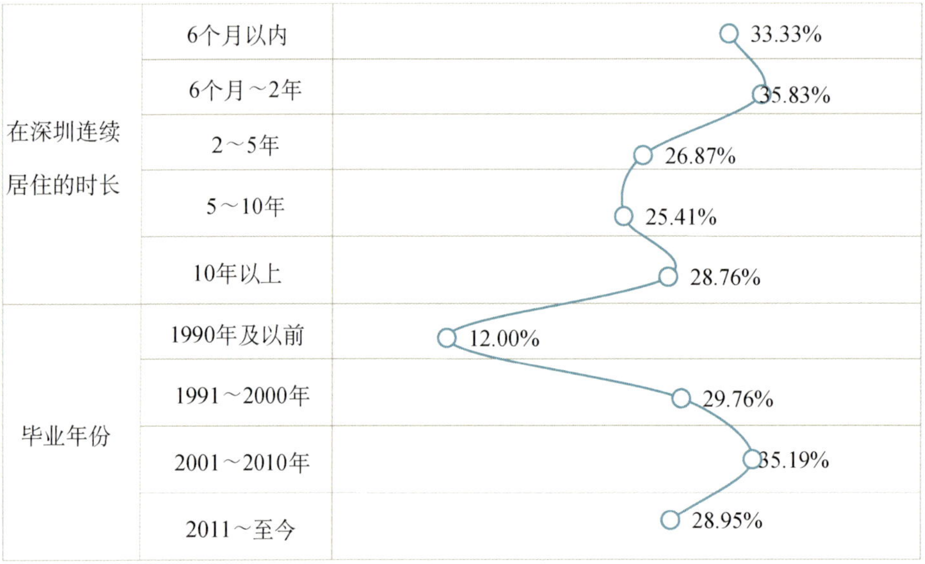

图 4-3 不同的时间维度下深圳校友对同济大学的推荐率

上的深圳校友，对同济大学的推荐度较低。因此，一方面，同济大学需要在双一流高校建设中进一步提升影响力，另一方面，同济大学如何做好老校友服务和联络，对提升学校品牌忠诚度具有重要意义。

2. 学历维度：非全日制硕士研究生对同济的推荐度较高

不同学历层次的群体，因其培养方式和个人经历不同，对同济大学的推荐值有一定的差异性。

学历加持的企业管理者。非全日制硕士研究生对同济大学的推荐度最高，其净推荐值将近50%。可以看出非全日制硕士对同济大学的期待得到了满足，于是增加了对同济大学的认可。通常，非全日制硕士研究生都在企业发展到了一定的程度，读经管专业的校友也比较多，他们希望通过继续深造在事业上得到更好的发展。而从这个结果可以发现，同济大学的课程和工作的匹配程度较高，可以在事业上帮助校友们有更好的发展，所以得到了更多校友的推荐。

人往高处走的同济硕博学子。此外，从一般的个人发展规律来看，能考上同济本科的学子会希望进入比同济更优秀的院校读研或是读博。同样，对于选择进入同济念硕博的学子而言，同济可能比他们本科所在的高校要更好。因此在同济读全日制硕博的学子会更推荐同济，而本科就读同济的学子眼界会更高，对于母校的要求也会更高。

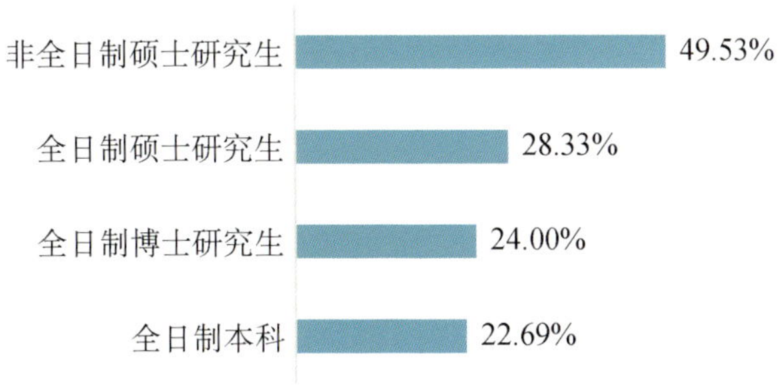

图4-4　不同的学历维度的深圳校友对同济大学的推荐率

3. 个人经历：东北及西北地区校友对同济的推荐度较高

从性别来看，决定校友是否推荐的关键原因在于学校的学科分布，男性校友对同济大学的推荐度要高于女性校友，这与同济大学强工科背景息息相关。

从年龄来看，51岁及以上的校友对同济大学的推荐度相对较低。一方面，这部分校友离校时间太久对学校目前的发展现状不是很清晰，另一方面，这部分校友的子女大多已过了求学的年龄，因此对这方面信息关注度不是很高。

从入学户籍地来看，对同济大学的推荐度与当地高校教育资源关系密切。整体来说，东北和西北地区的校友由于地域及所在地教育资源的限制，对同济大学的偏爱度更高一些。相比之下，华东、华中和华北地区高校教育资源丰富，可供选择范围的较大，对同济大学的品牌忠诚度也相对弱一些。

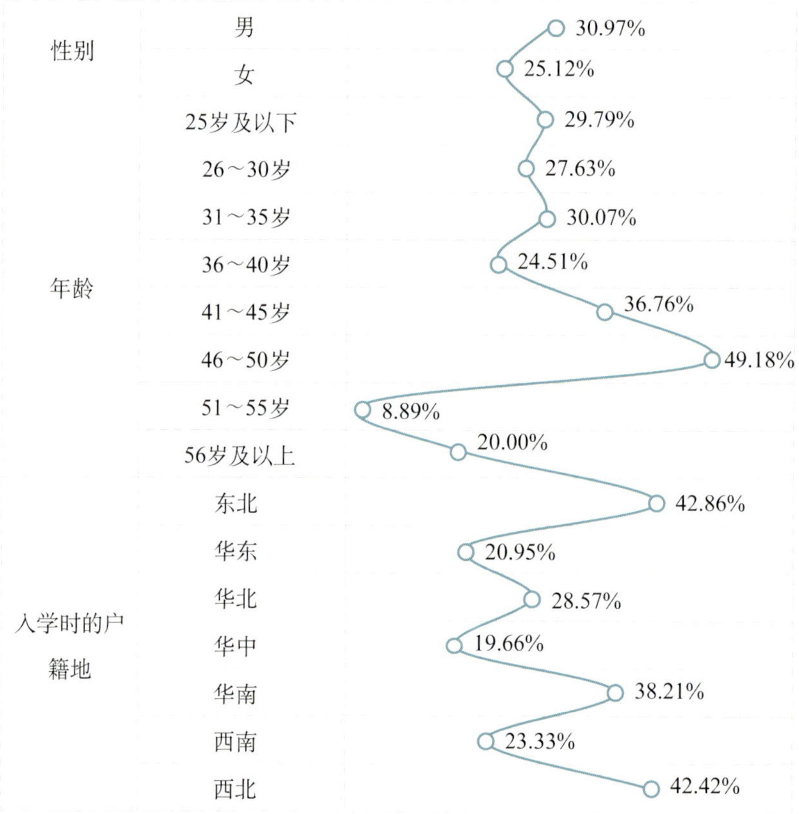

图 4-5 不同个人经历的深圳校友对同济大学的推荐率

4. 工作状况：个人发展较好的校友对同济的推荐度较高

目前个人发展较好的校友，总体上对学校的推荐度越高，认为自己目前所获得的成就有部分原因归功于学校教育。

从工作与专业的相关性来看，工作内容与专业相关程度高的校友，对学校教育的认可度高。其中工作内容与专业非常不相关的这部分校友，对同济大学的净推荐值为负值。因此，学校在专业设置和课程设计方面应面向市场、与市场需求紧密相关，并对学生进行有效的职业规划和就业指导，使学生的学习内容与未来职场工作内容相关性增大，这样将有利于学校口碑和品牌忠诚度的建立。

从年收入来看，总体年收入越高，对同济大学的品牌忠诚度越高，愿意主动推荐同济大学的可能性越高，这一区分以年收入 10 万元为界线，区分较为明显。在年收入高于 10 万元的这部分群体中，随着个人职场经验的增加，收入水平的增长，他们可以择校的范围更广。因此，他们对同济大学的推荐度也有变化，体现在个人年收入在 15 万元、50 万元及 100 万元分别出现了拐点。

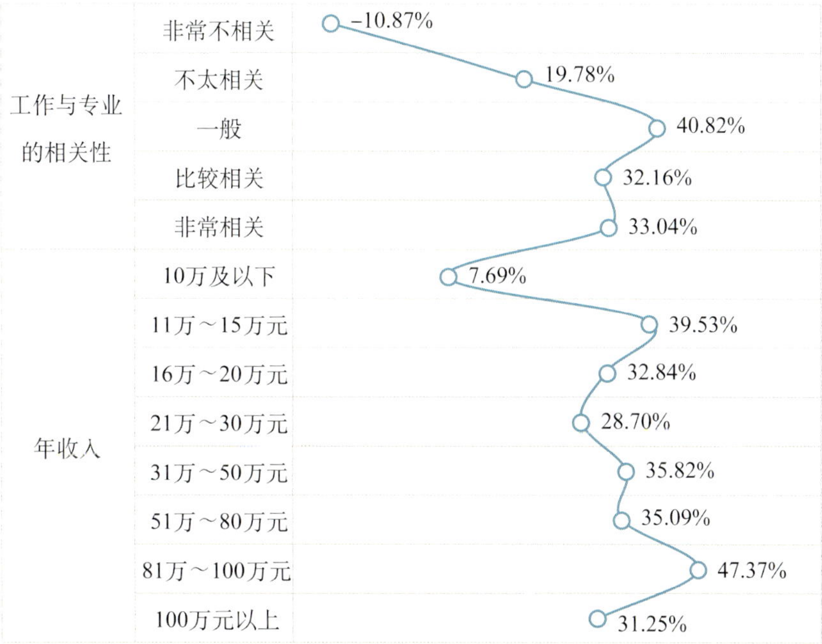

图 4-6　不同工作现状的深圳校友对同济大学的推荐率

5. 行业维度：制造业的从业者对同济的推荐度较高

不同行业的从业者，因就业环境、学校专业社会认可度及培养模式不同，其对同济大学的推荐度也不同。目前从事制造、交通运输业的深圳校友对同济大学推荐度较高，而从事信息技术以及金融业的校友对同济大学的推荐度较低。

一方面，制造业吸纳了很多同济优势专业的学生在里面，且职业选择的范围也比建筑这样的行业要广泛。因此，从事制造业的同济人较愿意推荐同济。另一方面，信息技术以及金融业并不是同济的传统强项，如果要从事相关领域的工作，更可能会推荐信息技术以及金融方面更有优势的学校。

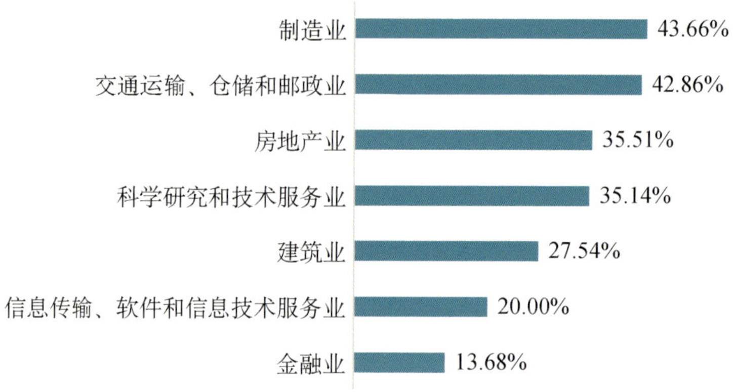

图 4-7　不同行业的深圳校友对同济大学的推荐率

（三）同济大学校园记忆

就全日制校友在校园生活的经历进行调研，结果显示，深圳校友对印象中同济大学上海校区校园生活的满意度水平为 69.77 分，处于合格水平。

在 12 项调研指标中，校园文化的认可度相对最高，得分为 75.95 分，校友反馈在校园生活中会有学生会和各种社团举办多式多样的活动。此外，图书资料、师资力量、国际交流平台、综合素质培养、硬件设施和学生管理模式给深圳校友留下了较为正向的印象，满意度水平高于校园生活的平均值；与此相对，深圳校友期待学校在课程设置和教学方法、创新创业扶持、职业规划及就业指导这三个方面能加强重视。

根据调研结果发现，深圳校友主要的不满意点集中在以下几个方面。

缺乏学生需要的职业规划和创新创业指导。校友在职业规划及就业指导方面的满意度是最低的。诉求是希望可以提供更多符合目前市场需求的就业资源。而学校方面不可能不提供就业指导，提供的就业指导不是学生想要的，和社会过于脱节，和市场需求不匹配。

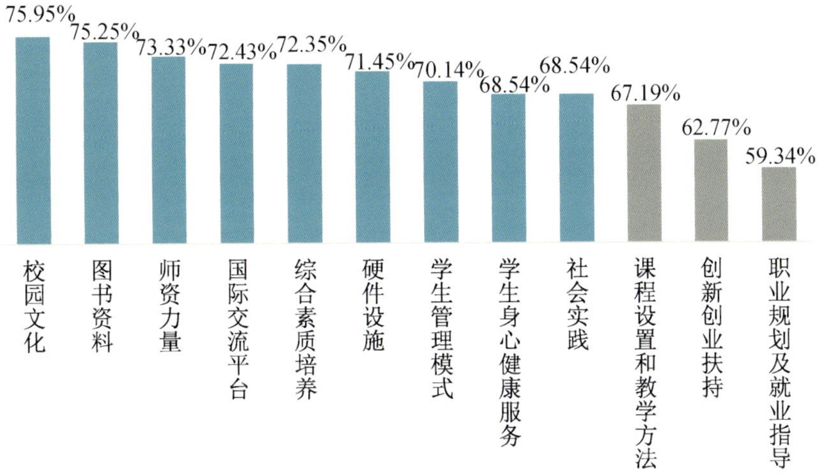

图 4-8　深圳校友对校园文化的满意度情况

某校友："没有为学生主动提供职业规划，没有个性化的指导，没有真正可落地的创业指导。"

某校友："基本是靠自己或者从老师、同学、亲友处获得信息，课题组干扰太多，不为学生职业规划考虑。"

某校友："缺乏对市场的研究，与社会脱节，要多元化多角度，注重社会实践。"

某校友："推荐实习单位比较少，都是学生自主去找，缺乏与大公司之间的实习互动。"

学校院系关注的就业指标和学生关注的就业方向侧重点有所不同。院系迫于就业指标的压力，致使学生真实的就业率可能和院系填报的就业率有所出入。

某校友："院里只关心上报就业率，实际上有些没解决就业的全报出国。"

如何务实地做好学生的就业指导工作，对于同济未来的品牌建立，对于向社会各行各业输出更优秀的人才都有着密切的关系，也是未来同济需要努力的方向。

关于课程设置和教学方法。同济大学的名声在外，慕名而来的学子总是抱有更大的期待。课程设计和教学方式是学校生活的核心。考入同济的都是全国较优秀的人才，他们对于知识的获取和吸收有着强烈的需求。如果名校的课程和其他普通高校的课程设置没有足够明显的差别，就会有学生觉得和理想中的有所不同。课程设置是对学生全方位的培养,包括培养学习能力、未来在职场上的知识储备、创新创造能力的培养、人文素养的熏陶等。社会的需求不断变化,学生渴望在课堂里学习到的知识也不断更新,课程设置如何满足学生的学习需求,是校方值得花时间去思考的。

某校友:“学习氛围和理想有太大差距。”

某校友:“学校基本就只管上课考试,没太多别的东西,更谈不上综合素质教育。

某校友:“学校在科目设置方面还是和社会需求脱节,这是全中国各院校的普遍现象。”

最后值得关注的是,这些问题也诚如校友所说,并不仅仅是同济一所大学的问题,是目前整个高校体制需要调整的地方。当然,更希望同济作为全国一流大学可以在有限的条件下做到最好,尽可能让更多的学子在同济获得更好的学习体验。

1. 学历越高,对同济大学校园生活的满意度越高

从校友在同济大学就读的学历来看,在同济大学就读的学历层次越高,其对同济大学校园生活的满意度越高。如同前文对于不同学历水平的校友对母校的推荐度分析一样,对于全日制硕博士而言,和他们所读本科相比,在同济大学的校园生活是相对较为满意的,而同济的本科生则有着更高的要求。

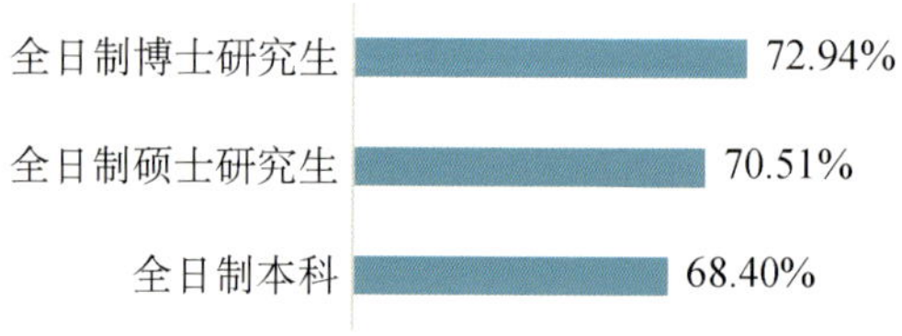

图 4-9 不同就读经历的深圳校友对同济大学校园生活的满意度

2. 个体发展水平处于中游的校友对同济大学校园生活的满意度较高

从校友工作现状来看,其对校园生活的满意度与目前工作状态呈正相关。

从工作与专业的相关性来看,随着工作内容与专业相关程度变高,这部分校友

对学校的正向印象也在增强，尤其是在课程设置和教学方法、学生身心健康、学生综合素质培养方面。

从年收入来看，总体来说，年收入在 10 万元及以下的校友，对在校生活的满意度最低。年收入在 11 万～15 万元的群体，对学校生活的满意度高于其他群体。有趣的是，并不是收入越高的校友越满意当时在校的校园生活。享受校园生活的那些学子未来的生活可能也安于平稳，对获得高薪没有那么大的追求。而那些追求高品质生活而奋力拼搏的校友或许没有时间把精力花在享受校园生活上。

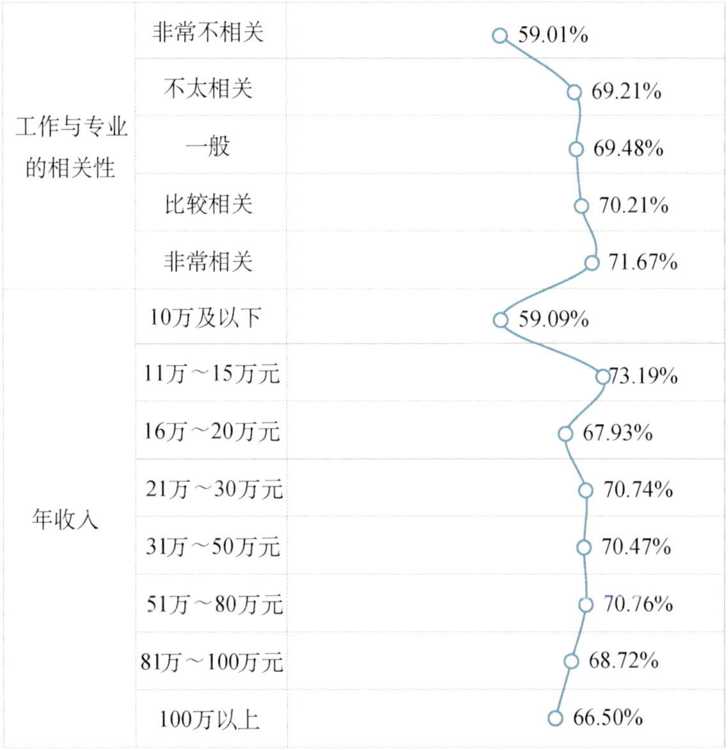

图 4-10　不同就读经历的深圳校友对同济大学校园生活的满意度

二、未来同济

40 年深圳改革开放的故事，说明了抓住创新发展就能占领发展先机。同济也应如此，创新发展、抓住机遇。习近平总书记多次提到，人民对美好生活的向往，就是我们的奋斗目标。不驰于空想、不骛于虚声,出实策、办实事、求实效。一项项实实在在的改革成果,大大增强了普通人的获得感、幸福感、安全感。每个人都切身感受到改革有甜头、生活有盼头、日子有奔头。在这样的时代背景之下,同济大学应抓住当下的时代痛点,立足市场需求,从进一步深化改革出发,探索适合自己的"双一流"大学建设路径,从而培养出国家满意、市场需要、人民信服的新人才。

结合深圳目前的发展,有校友认为同济现在属于"没落的贵族"、希望未来的同济能做"新兴的草根"。这句话可以看出深圳校友对于母校的期许和愿景。同济在建筑、土木、交通等传统领域达到了国内领先水平,如何顺应时代发展,不断向深圳社会输出更符合时代需求的新人才,成为更加杰出的学校是全体校友的期许。

(一) 对母校未来发展的建议

1. 精神内核:内化认同,人文熏陶

有校友表示和复旦、交大等学校的毕业生相比,同济校友对母校的黏度不高、认同感不强。这就需要同济大学对学生在校园文化的熏陶和培养方面做得更加精致化和精细化,让同济的文化和精神在一代代年轻校友中得到有效地传承。

某资深校友:"学校在文化推行方面做得不够,还有待学校通过一次次有仪式感的活动来专门培养学生的归属感,尤其要利用好新生资源,他们刚从高中毕业,对一切都充满好奇。当时自己入校开了一次全校年级大会就开始散养。国外和民国时期的学校在新生入学以后有系主任或者学校院长带领学生参观学院、讲解背后的故事和自己的人生经历,这样精细化的培养方式和自己当时入学时所参加一次大会以及现在学长学姐带领参观学校这种粗放式管理所带来的效应差别较大。"

人文关怀精神必不可少。在注重高效率、分工越来越精细化的时代背景之下,学校的办学理念越来越注重专业能力、实际应用能力,这点是相当必要的。但与此同时,也不能忘记对于同济学子全方位的培养,特别是人文关怀、社科素养。

某资深校友:"1960 年进入同济学习,求学 5 年期间,当时的同济特别注重

对学生素质的全面培养，除了要求学好专业知识外，学校还通过各种形式的教育和社会实践，培养学生具有良好的道德情操、鲜明的政治立场、严格的组织纪律、广博的人文情怀。各种学生社团十分活跃，任何人都能轻而易举找到自己感兴趣的事情。总之，精神生活十分活跃和充实，艺术修养大为提高。现在看来，这些貌似与专业学习并无紧密联系的素质培养，使我们在人与人交往的能力、组织能力、协调能力、对社会的关注度、对美好事物的鉴赏力、身心的自我调节和疏导等方面都得到很好的提升，并成为后来工作实践中不可或缺的东西，甚至成为我能走上院长领导岗位的重要因素。我衷心希望母校能将学生的人文素质教育发扬光大。”

工科的本质是对和错、成立和不成立、可行以及不可行这样的实用型学科，培养人才的目标是为这个社会提供更好更有效的解决问题的方式。而人文学科讨论更多的是社会本身存在着更多的可能性、不确定性以及多元性。事物的发展并不是非黑即白。同一个问题，从不同的角度来看，答案可能是不一样的。在未来工作中，需要工科的脚踏实地精神以及解决问题方式，也离不开人文社科所带来的对于不确定性的思考，拓宽做人做事的思维和角度，从而迎接更多更复杂的挑战。

某工科校友：“工科就是对和错，就是 0 和 1 的关系。但是如果说你的思维比较开放的话，你会认为从这方面怎么看，从那方面怎么看，就是教你怎么从各个不同的维度去看问题，工科生往往很缺乏这一点，因为工科的东西都是有逻辑可循的，所以我认为应该在工科的教育中加入更多的人文社科领域。而且在工作中这一点比较重要，如果你只愿意去做确定性事情是很难突破自己的极限的，如果你愿意从不同角度思考不确定性东西，你的可能性会更大。”

2. 课程设计：立足市场，高于市场

课程设计面向市场。学校传统的教学方法是从书本出发，很少从目前的市场发展需求出发，迎合市场的发展来教学。有校友结合自己在深圳发展多年的经验发现，深圳是创业型企业的聚集地，集合了各路人才的各种想法，因此在工作中必须学会不断去尝试、去验证。先有内容，然后在不断推导的过程中，所谓书本中的理论知识才慢慢产生。以此类推，在学校教育的过程中，为适应现代知识的快速更迭，特别

是偏向务实的学科，更需要从实际的案例出发，从现实着手，让学生产生自己的思考，然后来验证书本中的理论知识是否还符合当下的时代需求，需要做出哪些调整。通过时下新鲜案例并结合书本的方式，可以让学生在走出社会的时候，走在更前沿。

某法律专业校友："专业课程讲授如果从案例这些能切身有所体会的角度入手，学生会有更加深刻的感受。就拿我们当时来说，一上来先给你讲法律精神，很缥缈。第一步就应该给我们看看法规是什么样的。大家高中的时候都没有接触过这些东西，结果一上来就学法律精神，恨不得从春秋战国开始讲起。对比国外的案例法，先让学生感触到法律是什么，再以实例入手，会让学生有切身感受，引发大家的好奇心，然后一步步走下去。这种教学方法更适合现在这个时代。现在信息更迭太快，很多时候更多的是市场上先出现一个示例、案例，慢慢人们才总结出规律、最后才找这个所谓的本质。而如果我们还按照之前的那种方式教学的话，先学本质、再学案例，最后会跟不上时代发展的。"

某校友："课程设计方面，要面向专业化、面向市场化，与市场需求并轨，更接地气。大学教育是塑造职业的过程，课程设计可以有所选择，基础的课程如高数对学生在就业过程中的帮助远没有专业课程大。大一的时候学了一年的高数，花了很多精力，后边并没有怎么用到，反而有那么多迫切需要学习的知识如法规常识却没有学，最后大家在就业以后才开始恶补这些东西。"

某校友："我想说的是在学校的时候，同济说要成为世界一流大学，但是我们作为学生来说也特别伤心地看到，离世界一流大学差距还是蛮大的，我有的同学后来出国留学了，他们感受就更加强烈。我参观过悉尼大学，他们5月份上'公司法'的课，就会把3月份法院刚刚判的案子作为课程案例去教学，所以本行业方面最新的东西就会直接拿到课堂去，老师的负责任程度和对专业上的见解都会和现在最新的东西结合起来。"

有校友表示在所学的课程中，有已经被现在这个高速发展的社会所淘汰的技术和方法还在课堂中教学，学生自然提不起劲。同济未来想要定位为世界一流大学，就需要对学校课程的设计提出更高的要求。对课程不断更新，紧贴目前市场发展情况，让同学们可以有更直观的认识，不能让所学的东西都滞后于目前市场发展。

某校友:“因为我学电信专业,所以我的感受会比较深一些,我当时读本科的时候就感觉很多课程其实比较过时了。不论对于学生的发展,还是对于将来就业,我感觉没有什么太大的用处,所以我觉得这些课程设置要跟上学科的前沿,不要老是用一些传统的观念。”

课程设计,高于市场,放眼未来。生活不只眼前的苟且,还有诗和远方。在培养学生的过程中,应该着眼于当下,但也不能仅限于当下。同济有很多人才进入政府决策部门,所做的决定关乎到社会的长远发展和老百姓的日常生活。因此一定要看得足够远,对行业及社会的发展做出预先的判断,才能做好城市管理,改善人民的生活,为社会做出贡献。

某创业校友:“不要去跟着冰球跑,你要滑向冰球将要到达的地方,也就是要有远见,先判断冰球最终达到的目的地,要判断未来社会的发展趋势,并做好准备,要跳开固有的圈子,固有的范式。”

某从事管理校友:“我觉得同济人做事的这种务实精神风格是很多年形成的,因为同济的专业所限,大部分集中在城市建筑领域,这是同济人下一步要转变的。虽然城市化还在进行中,但是随着拆迁、国家经济发展等,大规模的城市建设会放缓。我们现在的城市营运管理很落后,管理水平比国外先进国家差很远,需要大力提升。交通、市政很多都是同济人的特长。所以我觉得同济人应该从建设转到管理上,更多的关注城市的营运和管理,多培养这方面的人才。”

3. 师资力量:学生为本,不忘初心

师资力量不忘初心。在互联网的时代背景下,学习变得越来越方便,各种 APP、在线教程很容易获取。相反,学校的教育显得过于中规中矩。有校友认为比起其他学习途径,甚至比起课程设计而言,最重要的还是教书人。经验的传承最关键的就是人,教师的角色变得越发重要。如何建立教学和考核制度,鼓励教师把更多的精力和时间花在学生身上是很关键的。

某校友:“目前大力宣传的人文教育、通识教育,旨在通过素质教育培养健

全的人格,人文教育的天性决定了它必须由有人文情怀的老师来讲授,相比之下,课程的设置倒显得其次了,关键并不是上什么课,而是由谁来上。有情怀的老师,专业课也可以教出人生之道。往往是老师不经意间潜移默化的影响才是我在同济最大的收获。"

某校友:"我们的老师很多精力都花在自己的科研项目上,相对的课堂教学反而只是顺带的事情,当然这是国内教育的弊端。"

高校教师有科研压力,有烦琐的行政事务缠身,真正能够投入教学及课程上的时间不断被挤压,这已成为国内高校的普遍问题。如果同济大学能在师资建设方面先人一步,探索出教学与科研齐头并进的路径,将有力推动"双一流"高校建设进程。

4. 学校管理:服务学生,去行政化

管理者树立服务意识。从深化"放管服"改革到推进"互联网+政务",再到"只进一扇门""最多跑一次",越来越多的利民政策被写进政府报告。政务部门也开始逐渐树立"店小二"的服务意识,各地都在优化营商环境。学校作为服务和教育学生的机构,在管理方面也需要对标政务服务,为学生提供更加便利的服务,这一点国外大学已经做在了前头。

某校友:"最让我感动的是国外大学的服务,我们只是去悉尼大学咨询一下专业的情况看看要不要报考,我随便走到一个办公室找到老师问了相关情况,他立马给我提供了非常详细的专业课程和师资实力介绍,包括教学大纲都拿到我面前,给我介绍了一个多小时,非常详细。最后还邀请我去听他们的课程,说如果不想听中途可以离开的。而在母校的时候,我当时四年都没有找到所谓的教学大纲,去教务处办事更是难上加难。他们不在岗了、不知道找谁去办了,我们就各种跑。"

爱之深,盼之切。同济学子由衷希望母校有朝一日能够成为世界一流大学。同济人期盼母校多为学生做实事,呼吁课程设置与时代相关联,教师关注教学,学生真的能学到最新,最前沿的知识,让同济真正成为一所世界一流大学。

（二）对年轻校友们的创业建议

1. 创业一定要有一颗坚强的心

可以公认的是，创业是一件很困难的事情。创业是对一个人综合能力的考验，对瞬息万变市场需求的敏锐捕捉以及无数日日夜夜对一个人信心、耐力和勇气的磨练。

某创业校友："创业一定要有一颗坚强的心。一方面，国内法制体制保障有待健全，另一方面，国内创业没有职业经理人等专业团队保驾护航。这就需要创业者不仅需要懂技术、有创意、懂法律，而且要懂管理、懂市场、会整合资源，对人的复合要求非一般人能搞定。而目前部分大学毕业生做的餐饮、培训机构，离真正的创业还很遥远。"

2. 跨界思维

我们社会对于人才的要求越来越高，复合型人才更受欢迎，特别是在创业领域。斜杠青年才不至于被淘汰。有时候甚至不需要自己掌握所有技能，但一定要有一颗愿意吸收其他行业知识的心。了解不同领域正在发生的事情，或许能激发出完全不同的创业火花。

某创业校友："不要担心跨界，其实任何专业包括一些高精尖专业，大家有机会去了解其他行业的时候，一定要多了解。现在是"互联网＋"的时代，原有社会上的行业被科技赋予新的生命力，全部都可以重来一遍，这种跨界会经常发生。当然如果能够做到某一领域中非常精专的，也很棒，但是，如果有跨界思维的话，有可能让这精专更有创造力。"

某创业校友："在改革开放的时代背景下，墨守成规只会将一个单位带入绝境，只有观念创新，才会跃上时代潮头。"

对于传统行业来说，如何结合新兴行业，从而形成新的行业机会是很重要的，特别是对同济人来讲，优势专业更多集中在传统专业上，如果要保持行业的领先地位，做好跨界就显得尤为重要。

某创业校友:“其实你可以看到现在的趋势,以前的传统行业,比如房地产它会渐渐衰老,现在这种物联网、互联网才是新贵,我相信未来也是。”

3. 踏实创业大道至简

有时候我们往往会被创业吓到,想要通过出其不意的花式招数来获得创业生涯的一线生机。其实创业是一步步脚踏实地干出来的。看上去最遥不可及的目标也是靠着一砖一瓦搭出来的。

某创业校友:“大道至简。做企业,需要踏踏实实把事情做好,不要去追求一些小聪明甚至违规的技巧,以用户为中心,把用户所需要的内容做到极致。比如我们公司没有使用SU搜索引擎优化技术,而是专心做内容,公司没有做平台,而是通过全球直采的方式确保红酒品质。所有这些创业经历无不体现大道至简。”

4. 和创业圈保持交流

有创业的想法,就要试着更多地去和有同样想法,或者已经正在实践的人相互交流。不论是成功的经验还是失败的经验,都能从前辈那里更加切实地感受到。

某创业校友:“创业确实是很难的一个事情,特别是如果没有一定的资本,还是挺困难的。所以最好跟大家多交流,跟资本圈啊、对于管理有心得的人,多跟这些人去交流,所有创业失败的故事都要去听,所有社会上一些创新的企业,都要关注它的发展。”

(三) 对校友会的建议

1. 校友平台的优化

截至2017年5月,深圳市同济大学校友会注册校友已达2 566人。有部分校友指出,希望通过优化提升校友平台,来增加校友黏性,增强校友对学校的归属感,从而更好地为在深圳发展的校友服务。在校友平台搭建的过程中，全日制校友更倾向于能提供专业的、行业领域内类似于这样更加精细化区分的交流平台，非全日制校友则希望通过校友会链接更多不同行业的交流机会以此了解不同行业的特性。而对于交流平台，可以是线上的类似于微信或者其他社群类的平台，也可以通过线下走访、讨论会等形式展开。

某年轻校友："校友走访这种活动，就比如说我们几个人，都在公司内部有一点资源的，行业不一样，我们做一些交流，二十个、三十个人，这个星期去你的公司，我带着我的东西，他带着他的，我送你一点这个，听你讲讲这个公司的历史，现在有什么问题，未来有什么需求，我们在现场交流交流，下个星期，你再把你的东西带着我们再去他的公司，就不停地这种走访……"

建立了校友平台之后，再辅以校友导师制。每个校友都是潜在的资源，身上都有可以学习的地方，都有各自的经验可以传承。如果不做校友们的导师，这部分的资源很难有机会传递下去。一个行业所累积的经验就只能分享给一小部分的人。通过这样的校友导师制可以给到校友更多的学习机会，让校友步入行业之后能够更快地接轨，更有利于校友的职业发展，从而推动行业的发展。

某年轻校友："因为我们有 MBA 的校友，和上海本部的校友有差异。MBA 在深圳我们有优势，本部的学生对同济的归属感会强一些。可以让 MBA 的学生作刚毕业学生的导师，有点传帮带的性质，我们想要师兄师姐做这样的一个衔接。本部的学生可能初入职场，MBA 的学生一般都是职场里面的精英了，比本部的学生发展更快一点，大多是中层进学校来读书，有一定的基础了，可以在工作和生活中带一下学弟学妹。"

2. 校友服务精细化

大多数的深圳校友毕业之后，就失去了和学校的联系。只有为数不多的人活跃在校友会的平台，也很少有机会回母校看看。但校友们其实还是很希望可以和校友会、跟学校保持联系的。如何经营校友会，从而使得更多的深圳校友有一种归属感以及如何通过细节上的服务抓住深圳校友的痛点是校友会可以进一步努力的方向。

某校友:"对毕业的校友服务能做到精细化。校友会工作不要仅仅盯着知名校友和活跃的校友,要对大多数校友都能照顾到。现在网络这么发达,平时举办活动给校友发个消息或短信,通过这样一个个细节上的行为培养仪式感,塑造学校品牌效应,激发校友的归属感,而不是仅靠对几年大学生活的回忆来激发校友的奉献精神。"

3. 倾听年轻校友的心声

这次调研下来发现,"同马会"是同济校友提及度最高的校友组织,从资深校友到年轻校友都喜闻乐见,愿意参与进来,而要组织一个类似的协会,一个强有力的领导是必须的。

某资深校友:"同马会当时我是发起人,也是在咱们校友会几个会长的大力支持下发展起来的,当时他们说让我去组织这样的一个协会,我是2015年9月30号那天拉会长和副会长等领导组建了一个微信群,第二天组织所有的群成员去跑步,我本身爱张罗这些事情,再加上领导的影响力,慢慢地这个队伍就壮大起来了,有很多人之前走路都喘气的,现在能跑全马了。所以我觉得如果要组织这样一个团体,首先组织者一定要强有力,而且要有奉献精神,不要怕麻烦。"

某年轻校友:"所以说体育活动其实是一个蛮好的途径,如果各种各样体育活动都能办得像同马会那样就非常棒了。"

除了"同马会",更多时候,特别是年轻的校友,很少真地投入到校友会的活动当中。这次座谈会当中,资深的校友也有同样的感受,认为应该更多地倾听年轻校友的想法,了解他们想要的校友会是什么样子。

某资深校友:"如何让更多的新人快速在深圳找到家的感觉,这才是很关键的。有时候我们只是想当然把一些东西讲给年轻校友听,他们未必要听,其实他们比如说90后、95后出来,他们有可能想得不一样,我倒愿意听听他们想什么、他们需要什么。"

第五部分
总　结

在深圳蓬勃发展的点点滴滴中，融入了同济校友的努力奋斗。从刚来时的青涩，到后期的扎根，再到真正的融入，同济人和深圳共同成长的历程我们都有目共睹。从深圳各个时代的城市地标，到深圳众多优秀的民族企业，创新企业都能看到同济人的身影。同济人的实干精神、拼搏精神和深圳的城市创新发展理念高度契合。

一、时代，改革开放给予同济和深圳机遇

20 世纪 90 年代，邓小平视察南方谈话，深圳步入发展的快车道。如今，深圳成了拥有 2 000 万人口的现代化国际都市。一大批同济学子奔赴深圳，成了深圳发展的弄潮儿。

如今，站在这个时代新节点上，深圳一如既往地发展经济，接轨国际，抓好创新，驱动发展，改革再出发。在新科技、新产业蓬勃发展的未来，深圳一定会吸引更多优秀的同济校友继续扎根发展。

二、务实，一所学校一座城市的共同基因

深圳务实的城市性格深入人心。在改革开放之后，五湖四湖的人才汇集于此，为了理想和事业在这里生活，也造就了深圳独特的生存法则——务实。在深圳，做事不靠走动关系，不靠个人身家背景，全靠个人努力奋斗，靠的是自己。从政府到企业，大家都为了把事情踏实做好，于是一座座高楼平地而起，一个个行业开始发展，这都有赖于深圳的务实精神。

扎实的做事功底、求实的工作态度，正是同济人的金字招牌。提到母校，同济人想到最多的就是务实。不管是老一代还是新一代的同济人，都秉持这种务实的态度。深圳得以如此快速发展，背后有着历代同济人的默默贡献：港珠澳大桥、金融中心大厦、深南大道……深圳和同济的命运，因为务实，紧紧地联系在一起。

三、创新，未来长远发展提升的突破路径

深圳的改革已进入攻坚期和深水区，未来深圳必将继续走创新发展的道路。观念创新、制度创新和技术创新在智能装备、机器人、可穿戴设备、海洋、航空航天和生

命健康等代表未来的产业上会投入更多。深圳的未来发展，呼唤同济大学输送更多创新型人才。

而创新，也是同济面临的课题。时代对同济的传统优势学科提出了更高的要求。这就要求同济大学在其传统优势学科中搭载一些新兴产业，形成跨界合作、技术共享。比如在建筑、土木等强势专业中拓宽思路，结合深圳的产业发展趋势，搭建新科技、新智能，使得同济的优势学科强上加强。拥抱创新，未来可期。

四、链接，同济人和百年母校的共生网络

最后，深圳和同济的共同发展离不开校友会在其中的助力。校友会连接着母校和同济人的两端。校友会为同济学子提供资源，校友为学校增光添彩。而在新时期，校友会也面临着新的挑战。如何在现有的基础之上，更上一层楼，为校友提供平台化、精细化和年轻化的服务，从而进一步拉拢年轻一代校友的心是接下来的工作核心。倾听年轻人的心声，做好服务工作，共创未来。

同心同德同舟楫，济人济事济天下。今天的同济大学正满怀热血，扎根中国，不断输送创新型人才，进一步为深圳的发展添砖加瓦！

附录一

技术报告

一、项目执行情况

（一）定性部分

1. 深度访谈

深度访谈（In-depth Interview）是一种无结构的、直接的、一对一的访问，在访问的过程中，通过掌握访问技巧的研究员对受访对象进行深入的访谈，了解受访者的见识与经验，洞察受访者对某一问题的潜在动机、态度和情感。一对一的形式方便研究员直接观察受访者的反应，并与受访者的言语反馈直接联系起来，同时消除群体压力，使受访者提供的信息更加真实。每次深度访谈一般花费 45～120 分钟的时间。

研究设计：设计了三类深访人群，共计 **46** 位校友接受了访谈。

序号	深访组别	组别特征	个案数
1	职场新晋人士	➢ 毕业时间：近 5 年内 ➢ 重点行业从业人员或新兴行业人员 ➢ 或者在上市公司从事人力资源工作	16 人
2	职场中坚力量	➢ 毕业时间：10 年左右 ➢ 重点行业或新兴行业专业人员，在项目团队中担任主要负责人，有初级或中级职称 ➢ 或者上市公司中层管理者 ➢ 或者在上市公司从事人力资源中层管理工作	14 人
3	行业专业人士	➢ 毕业时间：15 年以上 ➢ 重点行业专家型，有高级职称或专利 ➢ 或者上市公司高管	16 人
合计			46 人

2. 座谈会

座谈会（Focus Group Interview）是由训练有素的主持人以非结构化的自然方

式对一小群调查对象进行的访谈,主持人引导讨论,主要目的是从适当的目标市场中抽取一群人,通过听取他们谈论研究人员所感兴趣的话题来得到观点。这一方法的价值在于自由的小组讨论经常可以得到意想不到的发现,是最重要的定性研究方法。通常一次座谈会在1~2小时之间。

研究设计:共组织了两场座谈会,共有11名校友参加

座谈会组别	组别特征	与会人数
年轻型 (80—90年代)	毕业时间:近10年 全行业人员,包括燃气、地产、高校以及计算机等领域	6人
资深型 (60—70年代)	毕业时间:15年以上 重点行业专家型,有高级职称或专利 新行业公司创业者	5人
合计		11人

(二)定量部分

定量调查是对一定数量的具有代表性的样本,进行封闭式(或称结构化)的问卷访问,然后对调查的数据进行计算机录入、整理和分析,并撰写报告的方法。

本次项目的定量问卷调查,采用线上调查的方式展开,项目共采集有效样本714份。

在线问卷调查

零点独立设计问卷,并通过自主研发的后台在线建库,将问卷定向推送给符合条件的受访对象。该方法的主要优势是:(1)干扰小。调查方不与受访者进行任何面对面的接触,避免来自调查方的主观因素影响;(2)严格的逻辑控制。选项随机出现、降低作弊的可能,且在回答问题的同时,对数据进行逻辑检查;(3)灵活的用户管理权限。系统对不同用户做出相应权限的指派,确保项目数据的安全隔离和保密性。

研究设计

受访群体	在深圳发展的同济校友	
有效样本量	714	
性别	男性	507
	女性	207
年龄	30 岁及以下	275
	31～40 岁	255
	41～50 岁	129
	51 岁及以上	55
受访条件	同济大学毕业，包括全日制/非全日制本科、硕博、函授等形式 目前在深圳工作、生活 过去半年内未接触过相关主题的调研	

二、数据处理说明

（一）分析方法

在数据分析总结阶段，本项目主要使用了缺失值处理分析、频数分析、交叉分析这三种方法。

缺失值处理分析：在数据整理阶段运用到该方法。在实际调研中存在受访者对个别题目的答案说不清或者拒答的情况，对于个别题目缺失值的处理方法采用缺失值不计入该题统计的方式，即该题的计算过程不会受到缺失值的影响。

频数分析：在该项目中，针对所有指标均用到了频数分析。频数分析是所有问卷调查中最广泛使用的分析技巧，体现某一答案的人数占回答问卷总人数的百分比。基本统计分析往往是从频数分析开始的，通过频数分析能够了解变量取值的状况，对把握数据的分布特征是非常有用的。

交叉分析（交叉列联表）：在该项目中，针对某一指标不同群体的打分情况使用了该分析方法。交叉分析是一种同时描述两个或多个变量的联合分布及其结果的统计分析方法,此表格反映了这些只有有限分类或取值的离散变量的联合分布。

(二) 结果计算

在问卷调查过程中,打分题每一测评指标均通过 5 分量表评价。在最终分数展示上,所有分数都转换为 100 分制,以方便理解和对比。5 分制转 100 分制公式如下:

$$\frac{x - X_{\min}}{X_{\max} - X_{\min}} = \frac{y - Y_{\min}}{Y_{\max} - Y_{\min}}$$

其中,x 表示某指标 5 分制得分;

$X_{\max}$ 表示 5 分制的最高分 5;

$X_{\min}$ 表示 5 分制的最低分 1;

y 表示某指标 100 分制得分;

$Y_{\max}$ 表示 100 分制的最高分 100;

$Y_{\min}$ 表示 100 分制的最低分 1。

5 分制	1	1.5	2	2.5	3	3.5	4	4.5	5
100 分制	1	13.38	25.75	38.13	50.50	62.88	75.25	87.63	100

附录二

致 谢

本次项目实施过程中，离不开深圳市同济大学校友会的大力支持，在此一并对以下诸位表示感谢（排名不分先后，按姓氏笔画排列）：

王云庆	王丹妮	王永建	王　芳	王岳明
王建波	王　骏	王　婧	王靖生	王福杰
王　磊	方丹青	方　菲	邓洋洋	卢　辉
叶　飞	田金玲	代东洋	冯伟欣	成语谋
朱　洁	朱　磊	伍庭梦	刘大敏	刘晴岚
刘蕊宣	汤　娴	安　全	孙佳慧	李元伟
李永强	李　尚	李　凯	李剑峰	李　策
李　巍	杨　雷	余　威	邹亚华	张文泽
张　驰	张　佩	张艳云	张海霞	张超平
张　婷	张新华	张　璇	陈　竹	陈　旭
陈劲松	林维楂	林腮玉	罗志宽	罗轶青
岳　铭	周方斌	周　丽	郑　茜	郑博文
赵　溥	胡波兰	柏晓丰	俞仲文	姜英敏
姜　维	祝学文	贺芙蓉	贺璐璐	聂　旸
聂剑平	原　帅	徐　新	高　枫	郭灵君
崔佩文	蒋卫平	程　云	曾　毅	谢　智
蔡诗慧	鲜思彬	廖　立	廖年华	翟亚柳
缪绍勇	薛越荣	魏　然		

本书编委

2020 年 11 月